中审网校
www.auditcn.com
考试用书系列

中审网校CIA考试教材

CIA考试辅导用书

CIA 1

国际注册内部审计师

CIA考试应试指南

内部审计要素

中审网校◎组编
邱银河◎主编

中国财经出版传媒集团
中国财政经济出版社

图书在版编目（CIP）数据

内部审计要素 / 邱银河主编. --北京 ：中国财政经济出版社，2020.2

国际注册内部审计师 CIA 考试应试指南.1

ISBN 978-7-5095-9648-7

Ⅰ.①内… Ⅱ.①邱… Ⅲ.①内部审计-资格考试-自学参考资料 Ⅳ.①F239.45

中国版本图书馆 CIP 数据核字（2020）第031218号

责任编辑：王 丽　　　　责任校对：胡永立

中国财政经济出版社 出版

URL：http：//www.cfeph.cn

E-mail：cfeph@cfeph.cn

社址：北京市海淀区阜成路甲28号 邮政编码：100142

营销中心电话：010-88191537

北京时捷印刷有限公司印刷 各地新华书店经销

787×1092毫米 16开 12.5印张 262 000字

2020年2月第1版 2021年4月北京第3次印刷

定价：45.00元

ISBN 978-7-5095-9648-7

（图书出现印装问题，本社负责调换）

本社质量投诉电话：010-88190744

打击盗版举报热线：010-88191661 QQ：2242791300

编 者 的 话

专业认证成为组织管理者衡量专业人员能力素质的标准之一。国际注册内部审计师（CIA）考试是由国际内部审计师协会（IIA）发起的面向全球内部审计人员的主要执业认证。

IIA 是世界范围的内部审计师组织。该协会 1941 年成立于美国纽约，在联合国经济和社会开发署享有顾问地位，是最高审计机关国际组织的常任观察员，是国际政府财政管理委员会、国际会计师联合会的团体会员。协会现有 196 个分会，分布在 100 多个国家和地区。中国内部审计协会于 1987 年加入该协会，成为国家分会。

自从中国内部审计协会于 1998 年 11 月首次将 CIA 考试引进中国，并在广州成功举办第一次考试以来，CIA 受到来自内部审计和其他相关行业的青睐，参考人数逐年增加。需要考生注意的是，CIA 考试由 IIA 命题和阅卷，本身只有考试大纲，并没有配套教材。此外，CIA 考试涉及的内容广泛，且与国内传统审计教材的审计程序和技术不大相同。因此，对 CIA 考生来说，转变传统的考试复习思维，选择一本目标清晰、针对性强、效果突出的考试用书进行学习就变得格外重要。

本书特色

本书由中审网校组织编写，并作为中审网校 CIA 考试培训课程的指定配套教材，旨在指导 CIA 考生在最短的时间内掌握 CIA 考试大纲所要求的知识，从而轻松地通过考试。中审网校结合多年的辅导经验，将 CIA 考试三个部分的相关知识和内容整理到本书的三个分册中，力求做到通俗易懂、简明扼要、突出效果。

★ 紧扣大纲

按照 IIA 的规定，中国考区自 2020 年起执行新的 CIA 考试大纲，按新考试大纲的安排，对考试科目的名称和内容进行了调整。新大纲中三个部分的内容关联性有所削弱，减少了不同科目串题、串知识点的情况。不过，本书的三个分册为保持知识体系的连贯，可能存在少量内容重合，这有利于仅参加其中一至两部分考试的考生学习，对于参加三部分考试的考生，这部分章节也存在知识侧重，有助于考生提高学习效率。

★ 贴近考试

除具备丰富辅导经验的网校老师和专业人士外，本书还邀请了中审网校近年来通过CIA考试的优秀学员参与编写，如2012年全球最高分学生奖获得者——汪洋，力求更加贴近考生的需求，以发挥事半功倍的效果。

★ 实用至上

不讲过多理论，只讲CIA考试中要求的知识是编写本书的主导思想。因此，本书对很多未在考试中涉及的知识点的叙述是浅尝辄止，这点请考生在阅读中加以注意。

★ 注重效果

根据CIA考试的特点，着力介绍国际共性的相关理论，避免中国特色，结合西方思维模式，帮助考生理解要点，提高考生应试能力和技巧，以顺利通过考试。

主要内容

全书共三册。第一册对应CIA考试第一部分：内部审计要素；第二册对应CIA考试第二部分：内部审计实务；第三册对应CIA考试第三部分：内部审计业务知识。内容上以考试大纲结构为参考，下面对大纲进行简要介绍：

★第一部分：内部审计要素

考试题目：125道；时间：2.5小时（150分钟）。

1. 内部审计基础（15%）
2. 独立性和客观性（15%）
3. 专业能力与应有的职业审慎（18%）
4. 质量保证与改进程序（7%）
5. 治理、风险管理和控制（35%）
6. 舞弊风险（10%）

★第二部分：内部审计实务

考试题目：100道；时间：2小时（120分钟）。

1. 管理内部审计活动（20%）
2. 计划审计业务（20%）
3. 实施审计业务（40%）
4. 沟通审计结果和监督改进（20%）

★第三部分：内部审计业务知识

考试题目：100 道；时间：2 小时（120 分钟）。

1. 经营才能（35%）
2. 信息安全（25%）
3. 信息技术（20%）
4. 财务管理（20%）

如何使用本书

本书的主要读者对象为参加 CIA 考试的考生，强烈建议与中审网校 CIA 课程配套使用。其中，参加第一部分：内部审计要素的考生请重点学习第一册；参加第二部分：内部审计实务的考生请重点学习第二册；参加第三部分：内部审计业务知识的考生请重点学习第三册。

本书每一章的最后都精选了若干道典型模拟试题，以帮助考生了解 CIA 考试的命题思路、试题特点，以提高考生解题技巧，巩固相关知识，从而能更好地适应 CIA 考试的要求。

如果为了更详细、更准确地理解《国际内部审计专业实务框架》关于内部审计的使命、强制性指南和推荐性指南的内容，建议增加阅读中审网校编辑出版的“《〈国际内部审计专业实务框架〉精要解读——国际注册内部审计师 CIA 考试红皮书》。

为了帮助考生更好地掌握和巩固学习成果，中审网校同时还编辑出版了《国际注册内部审计师 CIA 考试新汇编 600 题》（一至三册）作为本书的配套习题册，按照本书各章的顺序安排习题内容，考生可以对应一至三册予以配套学习。由于受到篇幅、无法及时更新等条件的限制，纸质习题并不能很好地满足高效通过考试的目标，所以建议考生尽量利用中审网校 CIA 课程中的最新资料，在线进行学习和训练。

关于 CIA 课程

1998 年，CIA 考试正式引进中国并在广州开考；2002 年，中审推出 CIA 课程。CIA 考试引进中国至今十余年，中审一直服务其中，为了提升品质，推出“中审网校”品牌。2012 年，中审网校学员汪洋获得 CIA 考试全球最高分学生奖。实践证明，中审网校 CIA 课程最能有效帮助考生一次通过 CIA 考试。中审网校 CIA 课程内容丰富、针对性强、效果突出，其主要内容包括：

★ 我的课程

体验全新的在线学习方式。及时、准确地提供最有价值的考试信息，解读最新考试大纲，把握最新变化，提高考生的应试能力和技巧。

★ CIA 辅导讲座

重磅推出 CIA 考试专家辅导培训讲座，根据考试大纲和近年度的考试试题特点，提供 CIA 考试精讲讲座、重难点讲座和冲刺讲座，梳理知识要点，浓缩考试精华，分析考试重点、难点和疑点，并紧贴近年考试变化趋势，为考生提供极其珍贵的应试技巧讲解。培训讲座在 CIA 课程时效期内可无限次播放和收听。

★ CIA 精选题库

掌握好解题技巧是通过 CIA 考试最为关键的一步。通过精选大量的试题，配以最优参考答案和解题思路，让考生在最短的时间内全面了解 CIA 考试的命题思路和内容，培养以西方人的思维方式来思考问题和解决问题的习惯，减少因东西方思维方式不同而大量失分的现象，提高考生应试能力。这是通过 CIA 的必由之路。

★ CIA 模拟考场

按照最新考试大纲要求，模拟真实机考环境，提供模拟试卷和冲刺题，同时配以评卷分析（最优答案、解题思路、模拟结果、模拟纪录）等。

CIA 课程突破了时间、地域的限制，在有效期内具有支持重复点播、反复收听、无限次训练、无时间限制等优点。通过与本书进行配套学习，完美地将考试用书、辅导培训和题库训练结合起来，能有效地帮助考生在最短的时间内攻克学习中的重点、疑点、难点，全面掌握考试内容，起到事半功倍的作用，从而有效地保障考生顺利地通过 CIA 考试。

应试技巧

“方法不对、努力白费!” CIA 考试作为一种国际性考试，不同于国内其他考试。尤其是 CIA 考试没有教材，考试内容涉及审计学、会计学、管理学、经济学、金融学、法律法规、信息技术等，且三部分考试内容并不是截然分开的，而是彼此有重合，所以掌握 CIA 考试的应试技巧，选择最有效的学习资料和运用正确的学习方法对顺利通过考试是至关重要的。

★ 巧用排除，选择最优

CIA 考试试题全部都是客观的单项选择题。部分试题可能存在一个或以上的有效答案，虽然IIA没有公布过评分细节，但根据经验判断，不同选项代表的分值可能有所不同。因此，考生在考试中一定要认真审题，领会题意，根据自己的判断在有效答案中运用排除等方法选择最优答案。

★ 选考中文，更易通关

CIA考试在国内采用中、英文两种语种，由报考者根据自己的实际情况任选其中一种。不论采用何种语种通过考试，都会获得由IIA颁发的国际通行的英文证书和由中国内部审计协会颁发的中文证书。由于中文资料较为丰富，如中审网校CIA课程（www.auditcn.com），这是英文资料所不能比拟的，我们强烈建议选用中文考试。但是，中文试卷在翻译方面存在的一些小问题一直为考生所诟病，诸如某句话过长让考生拗口难懂、部分词汇词不达意，或因为直译而导致的理解偏差等，这就需要考生在平时注意多训练类似试题加以适应，同时在考试时集中注意力，多读两遍，准确把握考点。此外，在CIA机考中，选择中文考试也同样可以查看试题的英文版本。

★ 转变思维，轻松超越

再次强调，CIA考试中三部分的知识是相互关联的，考试中不要过分拘泥于科目间的界限，在复习中应注意根据大纲中涉及的知识点来进行突破。CIA考试中更多是考查考生运用已学的知识分析和解决问题的能力。考生应注意东西方思维的差异，在做题的过程中要注意别拿传统的做法或者是自己审计工作中的习惯和经验来作为判断依据，同时要将自己的立场置于首席审计官（CAE）的高度来看待问题。

归结起来，IIA推崇的价值观包括：正直、诚实、重视信用、重视法律的力量、关注公共利益、环保意识强烈；利益冲突时先后顺序是：国家、社会公众（法律）、职业团体（职业准则）、企业（企业内部的规章）、个人（公德意识）；此外，重视民主、平等、重视团队合作等。用以上基本要素作为背景来分析试题，十分有效。

★ 把握捷径，实现目标

由于国际考试大多采用题库出卷的方式，在考试中会出现往年考过的原题，重复不可避免。每一位考生在平时应该尽量多训练中审网校CIA课程中的题目，千万不要认为以前考过就不会再考了。越是临近考试的时候，做题越是有效果。考生应通过做题加深对知识点的理解。考生在学习过程中会遇到许多自己无法解决的问题，建议参加一个CIA考试交流群（推荐加入中审网校CIA课程QQ群、微信群，群内设有辅导员答疑）进行讨论，群内有来自各个行业、不同层级的学员，有效地扩展了看待问题的维度，通过讨论不仅可以沟通学习，互通有无，而且能够共同解决许多难题，把静态的学习变成了动态的讨论交流，从而提升学习的兴趣，也提高了学习效果。

中审网校在此提醒，CIA考试的三个部分必须在三年内全部通过方可领到证书，否则成绩作废。

写作团队

本书的顺利出版是一次成功的团队合作，本书编者均来自从事 CIA 考试研究和辅导一线的培训老师以及在内部审计领域具有丰富实践经验的国际注册内部审计师（CIA）、国际注册内部控制自我评估师（CCSA）、国际注册风险管理确认师（CRMA）、注册舞弊审查师（CFE）、信息系统审计师（CISA）、注册会计师（CPA）、注册税务师（CTA）、工商管理硕士（MBA）、高级审计师、高级会计师、高级工程师和咨询专家等，他们都具有 CIA 应试经验和丰富的教学经验，正是出于对推动我国内部审计职业水平事业发展的无私奉献，他们将自己宝贵的经验完全奉献给读者。

全书由邱银河主持编写，负责拟定全书编写提纲。其他编委会成员包括：陈哲、林昱君、严忠新、汪洋、汪宁、李杰。全书最后由邱银河、陈哲负责修改和统稿。

修订说明

为了使本书能紧跟国际内部审计的趋势，更好地指导广大考生有的放矢、事半功倍地通过 CIA 考试，《国际注册内部审计师 CIA 考试应试指南》自 2001 年面世至今，不定期地根据 CIA 考试大纲的最新变化和国际内部审计师协会 IIA 最新的职业发展要求进行修订更新。同时，充分吸收 CIA 考生对本书以往版本的学习反馈，并结合最近国际经济发展形势和管理理论革新对 CIA 考试命题趋势的影响等因素对本书进行了修订和完善。

本书的修订工作由中审网校负责组织，具体由邱银河、陈哲负责。

由于编写时间紧迫，编者的水平和经验有限，虽然参阅了国内外大量相关的准则、专著、教材、习题案例、论文及公开发表的其他文献资料，并力求严谨、准确，但书中难免存在欠思和不妥之处，敬请广大读者批评指正，我们将在下一版中修正、完善。

在阅读过程中有任何疑问，可以通过以下方式进行联系。

中审网校网址：http：//www. auditcn. com

本书作者 E－mail：book@ auditcn. com

需要强调，应用中审网校 CIA 课程与本书配套通过 CIA 考试后，应多研读专业著作以进修和提升专业水平。CIA 是国际内部审计领域专家的标志，如果想真正成为内部审计方面的专家，重要的是在通过 CIA 的考试后，提升自己的执业能力，把所学的知识和理念运用到实际工作中去，运用所学的专业知识和各种技能，提高处理实际问题的能力。希望每一位考生通过 CIA 考试真正达到“以学习促应用，以考试促提高”的目的。

最后，祝愿各位顺利通过 CIA 考试，早日成为国际注册内部审计师。

目　　录

第1章 内部审计基础

本章要点

- □ 国际内部审计专业实务框架
- □ 内部审计的宗旨、权力和职责
- □ 确认服务和咨询服务

第1章　内部审计基础

国际内部审计师协会（IIA）是成立于1941年的国际组织，在联合国经济和社会开发署享有顾问地位，是国际政府财政管理委员会、国际会计师联合会的团体会员。IIA现有196个分会，分布在100多个国家和地区。IIA在1974年设立的国际注册内部审计师（CIA）已成为在全球范围内得到高度认可的内部审计职业资格。

1.1　国际内部审计专业实务框架

《国际内部审计专业实务框架》（IPPF）是IIA发布的权威标准的概念性框架，它在内部审计活动中具有普遍的实用意义，充分体现了IIA作为国际公认的内部审计标准制定机构对内部审计职业发展前景的展望，并突出强调了新实务框架的与时俱进、国际化和多样化。

IPPF内容包括《内部审计的使命》、强制性指南和推荐性指南。其内容结构见表1-1。

表1-1　　IPPF内容结构

<table>
<tr><td rowspan="7">IPPF</td><td colspan="2">《内部审计的使命》</td></tr>
<tr><td rowspan="4">强制性指南</td><td>《内部审计实务的核心原则》</td></tr>
<tr><td>《内部审计定义》</td></tr>
<tr><td>《职业道德规范》</td></tr>
<tr><td>《国际内部审计专业实务标准》</td></tr>
<tr><td rowspan="2">推荐性指南</td><td>执行指南</td></tr>
<tr><td>补充指南</td></tr>
</table>

其中，强制性指南对于内部审计专业实务是必须且重要的，是内部审计师履行其职责的基础。遵循强制性指南的要求对于内部审计师和内部审计部门有效地履行职责至关重要。强制性指南适用于提供内部审计服务的个人或机构。推荐性指南是IIA通过正式批准程序认可的。推荐性指南虽然不具有强制性，但它有助于对强制性指南进行解释，或将强制性指南应用于特定的内部审计环境中。推荐性指南可以由胜任的内部审计师凭借其专业判断加以运用。

1.1.1 内部审计的使命

《内部审计的使命》描述了内部审计希望在组织内部达成的目标。它在 IPPF 中的作用主要在于提纲挈领地向内部审计师展示如何利用整个 IPPF 实现目标。《内部审计的使命》的定义为："以风险为基础，提供客观的确认、建议和洞见，增加和保护组织价值。"

1.1.2 内部审计实务的核心原则

《内部审计实务的核心原则》作为一个整体，阐述了内部审计的有效性。为了使内部审计职能被认为有效，所有原则都应当存在并且有效运作。内部审计师以及内部审计活动如何显示核心原则的实现情况可能因组织而异，但是，其中任何一个原则未能实现，都意味着内部审计活动在达成内部审计的使命过程中并不是那么有效。核心原则具体包括：

- 彰显诚信；
- 彰显胜任能力和应有的职业审慎；
- 保持客观，并且免受不当影响（独立）；
- 适应组织的战略、目标和风险状况；
- 定位适当且资源配置充分；
- 彰显质量和持续改进；
- 有效沟通；
- 提供以风险为基础的确认；
- 富有见解、积极主动，并具有前瞻性；
- 促进组织改善。

1.1.3 内部审计定义

内部审计定义是正确理解内部审计的关键，是 IPPF 的基础。在 IPPF 中，内部审计被定义为："内部审计是一种独立、客观的确认和咨询活动，旨在增加价值和改善组织的运营。它通过应用系统的、规范的方法，评价并改善风险管理、控制及治理过程的效果，帮助组织实现其目标。"全新的定义准确地描述了内部审计职业的广阔领域和前景。应该重点从以下几个方面理解内部审计定义。

（1）独立、客观的活动

独立性是审计的基本原则，在新定义中独立性和客观性是并列的。由此可见，在注重独立性的同时，IIA 倾向于使用客观性一词来表达内部审计的可信，并且认为客观性更加切合市场实际，引导内部审计人员不应片面地去追求更多的独立性，对于分析问题和提出建议应实事求是、客观公正，使内部审计工作发挥更大作用，为组织创造更多的价值。

(2) 确认和咨询活动

内部审计通过提供多种方式的服务为组织增加价值。最新的内部审计定义将内部审计工作集中于确认和咨询服务两方面。

(3) 增加价值和改善组织的运营

新定义将内部审计的目标表述为“增加价值和改善组织的运营”，进一步强调了内部审计的使命是为了满足组织的要求。“增加价值”指组织的设立，是为其所有者、其他利益关系方、顾客和客户创造价值或谋取利益。这里说的价值并不是从生产和销售过程中直接产生和创造的，而是内部审计人员通过收集生产和销售过程的资料，在认识并评价风险的过程中，运用自己的专业知识和技能，提取有价值的信息，以咨询、建议、书面报告或其他方式，并通过职业判断，将分析结论提交给有关管理层，为组织减少损耗和风险，改进生产经营以及公司治理流程，以此带来巨大的机会利益。

随着企业管理理念的不断成熟，企业管理的目标经历了产值最大化、利润最大化、股东财富最大化几个历史阶段，因为各个阶段目标存在一定的历史局限性，目前普遍公认的企业管理目标是企业价值最大化，即通过合理经营，在保证企业长期稳定发展的基础上使企业总值达到最大，而内部审计定义中的“增加价值”内涵正好与企业管理的价值最大化目标相吻合。一般来说，当内部审计活动充分考虑了战略、目标及风险，努力提供加强治理、风险管理和控制过程的方法，客观做出相关确认时，内部审计活动就是在为组织及其利益相关方增加价值。

(4) 系统的、规范的方法

内部审计发展的关键在于提高服务质量，内部审计人员通过采用历经考验的、系统的、规范的审计技术方法来规范审计行为，提高审计质量。具体来说，内部审计人员可以运用审核、观察、监盘、询问、函证、计算、分析性复核等审计技术方法，来获取充分、相关、可靠的审计证据，从而支持审计结论和建议。

审计技术方法是指内部审计人员在审计实施过程中审查和分析审计对象，获取审计证据，并对照审计依据或标准进行评价，从而形成审计结论和建议的各种技术手段的总称。全面掌握和适当选用审计技术方法，对完成审计任务和实现审计目标，提高审计的质量和效率具有重要意义。

审计技术方法是从长期审计实践当中总结和积累起来的，并随着审计对象的日益扩展和社会经济发展对审计提出的广泛要求而不断改进和发展。现代审计已经在传统事后查账技术的基础上，发展到了广泛运用审计检查、审计分析、审计调查、内部控制审计、风险管理审计、统计抽样审计和计算机审计及现代化管理方法等技术方法，并日趋多样化及现代化，已经形成了一个完整的审计技术方法体系。

（5）评价并改善风险管理、控制及治理过程的效果

传统的管理将注意力放在个别控制系统和经营机制上，而现代管理则强调总体管理概念，把总体管理控制系统与组织的长远目标联系起来。为此，最新的定义要求内部审计人员应立足组织的全局，更好地理解组织的整体目标和进程，从一个更广阔的视野来看待问题并制定出相应的解决方案，全面地评价和改进治理、风险管理和控制过程。

（6）帮助组织实现其目标

内部审计的职能是为组织完成其目标服务，新定义明确了内部审计是针对整个组织而言的，它与治理、风险管理和控制过程联系在一起，为组织增加价值服务，是组织成功的关键因素之一。它要求内部审计人员必须站在维护组织整体利益的立场上去发现问题、分析问题、解决问题。

如果内部审计活动可做到对组织文化、运营、风险轮廓的深入了解，那么它就是有效的，其对管理层、董事会（或与其相当的机构）和审计委员会而言具有巨大的价值。此外，它还可以对诸如监管机构、员工、资金提供方、股东等其他利益相关方提供保证。为完整实现内部审计活动的价值和目标，内部审计师需要在组织内制定强制性的规定，以明确他们的权力，并支持他们的独立性与客观性。

1.1.4 职业道德规范

《职业道德规范》的目的是促进内部审计职业道德文化的发展。IIA 指出：“职业道德规范对于内部审计职业必要而又适用，它是内部审计对治理、风险管理和控制作出的客观确认之所以被信任的基础。”

《职业道德规范》既适用于提供内部审计服务的个人，也适用于提供内部审计服务的团体。其中“内部审计师”泛指协会会员、IIA 职业资格的获得者或申请者以及那些在内部审计定义范围内提供内部审计服务的人。对于违反《职业道德规范》的协会会员、IIA 职业资格的获得者或申请者将根据协会的规章和制度予以评价和管理。

《职业道德规范》延展了内部审计的定义，包括两个基本部分：一是与内部审计职业和实务相关的原则（共四条原则：诚信、客观、保密、胜任）；二是描述内部审计师预期行为规范的行为准则（在四条原则之下共有十二条行为准则）。这些准则有助于将上述原则运用于实践中，目的在于指导内部审计师的行为。“行为准则”是《职业道德规范》的灵魂，内部审计师尤其要注意：不应参与可能妨碍或被认为妨碍其公正评价的一些活动；不能接受可能妨碍或被认为妨碍其职业判断的任何东西；只能开展那些以他们的专业能力预计可以恰当地加以完成的服务工作。在汇报其工作成果时，内部审计师应揭示他们了解的所有重要事实。否则，将有可能歪曲正在审查的经营报告或隐瞒非法的事实。

内部审计师应使用和信守以下原则：

（1） 诚信

内部审计师的诚信确立信用，从而为信任其判断提供基础。诚信原则包括四条行为准则。

第一，应当诚实、勤恳并负责地开展工作。这是审计师个人品质的基础。不诚实就不能将职责和权限委托给他；不勤恳就可能增加错误、疏忽和误解；没有责任感就得不到他人的信任，这样审计师就将失去对组织的价值。

第二，应当遵守法律，按照法律及其职业要求进行披露。这一条行为准则有两点要求：如果内部审计师了解到一些对组织重要的信息，他依照法律和职业的要求，负有报告该信息的责任。反之，如果审计师没有足够的证据来说明他的判断，就不应该作出评价。

第三，不得蓄意参与非法活动，或参加有损于内部审计职业或其所在组织的行为。

第四，应当遵守并协助实现组织的法律和道德目标。

（2） 客观

内部审计师在收集、评价和沟通有关被检查的活动或过程的信息中，应显示出最高程度的职业客观性。在作出判断时，内部审计师不受其个人喜好或他人的不适当影响，对所有相关环境作出公正的评价。客观原则包括三条行为准则。

第一，不应参与可能损害或被认为会损害其公正评价的活动，包括参与跟组织利益相冲突的活动。

第二，不接受可能损害或被认为会损害其职业判断的任何物品。

第三，应当披露已知的，如果不予披露，可能会歪曲检查工作报告的所有重大事实。

（3） 保密

内部审计师尊重所获取信息的价值和所有权，没有适当授权不得披露信息，除非是在有法律或职业义务的情况下。保密原则包括两条行为准则。

第一，应当谨慎利用和保护履行职责过程中获取的信息。

第二，不应当利用信息牟取私利，或者以任何有悖法律规定或有损组织法律和道德目标的方式使用信息。

一般来说，对外发布信息不是内部审计师的责任，而是董事会或审计委员会的职责。

(4) 胜任

内部审计师在执行内部审计业务时能够使用所需要的知识、技能和经验。胜任原则包括三条行为准则。

第一，应当只从事与其所具备必要的知识、技能和经验相适应的服务活动。

第二，应当依据《国际内部审计专业实务标准》开展内部审计服务。

第三，应当持续提高专业能力和服务的效果、质量。

1.1.5 国际内部审计专业实务标准

《国际内部审计专业实务标准》（以下简称《标准》）是 IPPF 强制性指南的重要组成部分。《标准》的强制性质通过使用“必须”（无条件的强制性要求）一词加以强调。在某些例外情况下使用“应当”一词来表示期待相关要求得到遵守，除非根据专业判断所涉情形允许偏离《标准》的要求。

《标准》既是内部审计专业的基础，同时也是 IPPF 的核心。《标准》的宗旨是：

- 指导内部审计人员遵循《标准》中的强制性内容；
- 为开展和推动各类具有增值效应的内部审计服务提供框架；
- 建立评估内部审计业绩的依据；
- 促进组织流程和运营的改善。

(1)《标准》的内容

《标准》包括属性标准和工作标准两部分，适用于所有的内部审计服务。实施标准是对属性标准和工作标准的扩充。

属性标准（1000 序列）：只有一套，通用于各行各业。属性标准主要说明内部审计部门的特点和对人员的要求，主要描述了执行内部审计活动的机构和个人的特征，共有四条一般准则：

- 1000 宗旨、权力和职责；
- 1100 独立性与客观性；
- 1200 专业能力与应有的职业审慎；
- 1300 质量保证与改进程序。

工作标准（2000 序列）：只有一套，通用于各行各业。工作标准阐述了内部审计工作的性质，并提出衡量内部审计活动质量的准绳，从总体上说明内部审计服务，共有七条一般准则：

- 2000 内部审计活动的管理；
- 2100 工作性质；
- 2200 业务计划；

- 2300 业务的实施；
- 2400 结果的报告；
- 2500 监督进展；
- 2600 沟通对风险的接受。

实施标准（nnnn. Xn）：一般有两套，分别针对确认服务和咨询服务这两种主要的内部审计活动类型。实施标准是前两者在特定的审计活动中的具体体现（例如遵循性审计、舞弊调查或控制自我评估项目等），可以更具体地指导内部审计人员如何将属性标准和工作标准应用于特定的内部审计活动中。

《标准》的序列号之后冠以“A”，如1000. A1是针对确认服务的。

《标准》的序列号之后冠以“C”，如1000. C1是针对咨询服务的。

（2）《标准》的遵循

内部审计环境在不同组织中存在诸多变化，其从业人员既可以来自组织内部，也可以来自组织外部。显然，这些差异可能会影响各种不同环境下开展的具体内部审计实务，但是遵守国际内部审计师协会的《标准》是内部审计师和内部审计部门履行职责的基本要求。在法律或法规禁止其遵守《标准》的某些内容时，内部审计师或内部审计部门应当遵守《标准》的其他所有内容，并对无法遵守其中部分内容的情况予以披露。

若在适用《标准》的同时也适用了其他权威机构发布的准则，则内部审计师和内部审计部门也可在其审计报告中提及对这些准则的适用情况。如果《标准》与其他权威机构发布的准则存在不一致，内部审计师和内部审计部门必须遵守《标准》，但是在其他权威机构的规定更为严格的情况下，也可遵守该权威机构的准则。

1.1.6 执行指南

执行指南能够帮助内部审计师遵循《内部审计定义》、《职业道德规范》和《标准》的要求，并推广良好实务。执行指南主要阐述了内部审计的工作方式、方法，以及需要考虑的要素，但不会涉及具体的程序和流程。

1.1.7 补充指南

补充指南为从事内部审计工作提供详细的指引。补充指南可能针对某类业务、某个行业，其内容包括了程序、流程、工具、技术、项目、分步骤推进的方法、范例等。

1.2 内部审计的宗旨、权力和职责

董事会、高级管理层和内部审计之间需要建立一个支持审计职能可信度的“基调”。如果没有这种自上而下的支持，内部审计活动就容易受到审计业务客户的偏见、防备及其他人为缺陷的影响。实现该目标的主要方式是制定一份正式的内部审计章程，以明确内部审计的宗旨、权力和职责。IPPF 中的相关属性标准如下：

1000——宗旨、权力和职责

内部审计部门的宗旨、权力和职责必须在内部审计章程中正式确定，并与内部审计的使命和《国际内部审计专业实务框架》强制性内容（《内部审计实务的核心原则》、《内部审计定义》、《职业道德规范》和《国际内部审计专业实务标准》）的要求保持一致。首席审计官必须定期审查内部审计章程，并提交高级管理层和董事会审批。

1000. A1——向组织提供的确认服务的性质必须在内部审计章程中明确规定。如果向组织外部的有关方面提供确认服务，则此类确认服务的性质也必须在内部审计章程中确定。

1000. C1——咨询服务的性质必须在内部审计章程中确定。

1010——在内部审计章程中确认强制性指南

《内部审计实务的核心原则》、《内部审计定义》、《职业道德规范》和《国际内部审计专业实务标准》的强制性质必须在内部审计章程中得到确认。首席审计官应当与高级管理层和董事会讨论内部审计的使命和《国际内部审计专业实务框架》中的强制性内容。

1.2.1 宗旨、权力和职责

“宗旨、权力和职责”是指内部审计工作的目的和责任，以及为达到这个目的、完成职责所需的权力和条件。其中：

宗旨：内部审计为谁服务，向谁报告。这是内部审计组织地位的体现，内部审计部门为董事会服务，直接向董事会报告可以有效地开展工作；反之，如果章程规定内部审计为财务部门服务，向财务总监报告，则会制约内部审计的作用。章程中可以明确董事会和高级管理层对内部审计活动的期望。

权力：达到审计目标所需的资源。审计部门更多是对已有信息的检查，因此需要明确的授权来确定可接触的相关记录、人员和实物资产。应该明确首席审计官可以不受限制地与审计委员会接触，以最大限度加强组织独立性。

职责：体现内部审计的范围。应在内部审计章程中定义为组织提供确认和咨询服务的性质。在理想状况下，组织所有的经营活动都是内部审计的范围，在章程中对审计范围的界定，有利于减少与审计业务客户的分歧，提高审计工作的效率。如果内部审计部门向组织外部的有关方面提供确认服务，则此类确认服务的性质也必须在内部审计章程中确定。此外，后续审计的责任、外部机构向组织提供确认服务的性质等也应在章程中明确。

1.2.2 内部审计章程

内部审计章程是确定内部审计活动宗旨、权力和职责的正式文件。首席审计官在起草和修订内部审计章程之前，必须理解《内部审计的使命》和 IPPF 的强制性内容，包括《内部审计实务的核心原则》、《职业道德规范》、《标准》和《内部审计定义》的含义。这种理解能够为首席审计官、高级管理层和董事会之间就以下事项达成一致奠定基础：

- 内部审计的目标和职责；
- 对内部审计部门的期望；
- 首席审计官的职能性和行政性报告路径；
- 内部审计部门开展业务、实现共同商定的目标和履行职责所需的权限（包括接触记录、实物资产和人员）。

(1) 内部审计章程的内容

IIA 提供了一个指导性的内部审计章程范本，章程内容可能因组织而异，但通常包括以下部分：

①基本要素。

引言：说明内部审计活动的总体作用和专业特点。

权力：具体说明内部审计部门有权全面接触开展业务所需的记录、实物资产和人员，并强调内部审计师保护资产和保密的责任。

组织和报告架构：描述首席审计官的报告架构。本部分可以对特定的职能性职责进行描述，例如对章程和内部审计计划的批准、首席审计官的任免和薪酬。它还可以对行政性职责进行描述，如保障组织内部沟通和信息交流、批准内部审计部门人力资源管理和预算等。

独立性和客观性：描述内部审计独立性和客观性的重要性，以及如何保持独立性和客观性，如禁止内部审计师履行或行使被审计领域的经营职责或权力。

职责：规定日常职责的主要内容，如确定评估范围、起草内部审计计划、将计划提交董事会批准、开展业务、结果沟通、提供书面业务报告和监督管理层采取纠正措施。

质量保证和改进：说明对质量保证和改进程序的“建立、维护、评估和结果沟通”

的要求，该程序应涵盖内部审计活动的各个方面。

签名：首席审计官、被指派的董事会代表以及首席审计官的报告对象的签字确认，本部分包括签字日期、签署者姓名和职级。

②其他重要文件。

职能和责任（F 和 R）声明：本声明规定审计人员的权力和责任，并规定为执行章程所概述的职能所必需的审计活动的适当类型和权限。F 和 R 语句可以以矩阵的形式包含，其中确定了人员角色和分配的活动。

政策声明（也称为公司审计政策）：政策声明确定了审计活动的不同使命，并协助管理层和董事会有效地履行其职责。介绍了组织内部审计的范围和现状，以及增加价值和为改进风险管理和治理作出贡献的目标。政策声明还描述了内部审计部门进行审计、发布报告、提出建议和评估纠正措施的权限。

审计手册（政策和程序）：审计手册包括书面政策和程序，旨在为履行职责的审计人员提供指导。政策和程序应该与组织的规模、活动的结构和复杂性相适应。一般来说，较大的企业会有更正式和详细的说明，而在小型组织中，书面备忘录可能就足够了。

员工工作描述：工作描述应确定卓越绩效的要求，即有效和高效地完成广泛的审计任务所需的知识和技能，如审计人员、审计主管、审计经理和独特的审计职位。

(2) 内部审计章程的批准

首席审计官负责将章程提交董事会、审计委员会、相关治理机构和高级管理层批准，但经过高级管理层的批准并不是硬性要求，章程的最终批准权在董事会。

章程一经批准便形成管理当局与内部审计部门双方的协议，内部审计部门可以根据章程的授权不受限制地开展工作。章程同时也是内部审计部门和管理当局评价内部审计工作质量的依据。首席审计官应该定期评价章程中所规定的宗旨、权力和职责是否足以使内部审计活动实现其目标，评价的结果必须通报给高级管理层和董事会。

章程的重要性在于它提供了一个公认的陈述，当它获得批准后，管理层与内部审计活动相关的一切问题，都将依据章程的内容来解决。当章程得到批准后，首席审计官要定期对其进行评估，确保章程是否符合内部审计工作的实际需要，是否足以实现内部审计目标，并将评估章程的意见提交管理层和董事会。

1.2.3 营销内部审计

如果管理部门对内部审计缺乏信任，那么内部审计就不可能增值。营销内部审计势在必行，但我们的营销方式不能以自我服务为中心，而必须从组织的利益出发，即教育管理层和业务客户把内部审计当作解决问题的合作伙伴，找到改善运营的机会。

（1）营销内部审计的方法

宣传手册：用非技术性语言阐释内部审计的职责、特点和优势，可消除内部审计的神秘感和人们对内部审计的恐惧感。

公告和业务通讯：公告突出紧急的、最近的审计发现，业务通讯则像轶事一样，没有费解的内部审计术语，令人容易理解。

出版物：提供内部审计或履行职责中的生动故事，好的故事可能更容易被人们接受，也有利于展示内部审计师人性化的一面。

内部审计部门开放日：便于在轻松环境下与管理层和运营部门人员互相了解和对话。

由首席审计官主持的管理经理层咨询委员会：方便就相关主题（如内部控制和风险管理）交换信息。

客户培训：就内部控制和风险管理知识培训业务客户全体员工和（或）内部审计新员工。

业务文档和会议：内部审计活动要想成为业务客户解决问题的伙伴，可利用审前、审后调查或会议的方式开展工作，要更加谨慎和关注审前会议，利用这种途径解释内部审计及其真实的职能不是神秘的常驻批评家；审计后的调查问卷，如正确使用，该问卷可以是一种有用的质量保证工具，因为客户的意见有助于调整审计程序。

质量保证计划：审计报告在组织内随处可见，并以质量为优先标准，在第一次做事时就培育正确做事的态度。

（2）建立以解决问题为导向的伙伴关系

要把客户纳入审计过程中，可通过在审计前发放内部控制调查问卷给客户回答的方式来实现，这是一种被证实的有效方法。根据问卷内容，客户甚至可能比内部审计师更早知道其存在的问题，在审计过程中，也可以与客户开展以问题为导向的讨论，使得客户参与其中。在很多情况下，在审计结束前纠正行动已经开始了。尽管重大的审计发现被包含在审计报告中，内部审计师仍对客户改善运营状况给予充分的信任。

这种合作关系要发展到确立内部审计师作为工作伙伴和有用的资源而不是敌人或批评家需要很长一段时间。

应该认识到营销内部审计最重要的宣传活动应贯穿于内部审计师与客户的所有交往中，每名审计师应在心中牢记宣传审计工作。宣传手册等工具是第二位的，而宣传的内容则是向客户提供的价值（如内部控制理念），而不是内部审计的自我服务。

1.3 确认服务和咨询服务

内部审计师通过提供多种方式的服务为组织增加价值。最新的内部审计定义将内部审计工作集中于确认和咨询服务两方面。除此之外，内部审计师还可以执行为组织增值的其他业务。

1.3.1 确认服务

确认服务是指内部审计师为了对机构、业务、流程、系统或其他对象提供独立意见或结论而作出的客观评价。《标准》中将确认服务定义为：“指一种旨在对组织的治理、风险管理和控制过程作出独立评价，而对证据进行的客观检查，例如财务、绩效、合规性、系统安全和尽职调查等业务。”

确认服务一般由三方参与：①与接受确认服务的机构、运营、职能、流程或其他对象存在直接关系的个人或机构，即被审计单位或个人；②开展确认服务的个人或机构，即内部审计师；③使用确认服务结果的个人或机构，即用户。

具体的确认服务类型包括：风险和控制自我评估、第三方审计与合同审计、质量审计、尽职调查、安全审计、隐私审计、绩效审计、经营审计、财务审计、遵循性审计等。

1.3.2 咨询服务

咨询服务本质上是一种顾问服务，一般应客户的具体要求而开展，目的是增加价值并提高组织的运作效率。《标准》中将咨询服务定义为：“指咨询及相关的客户服务活动，其性质和范围需与客户协商确定，目的是在内部审计师不承担管理职责的前提下，为组织增加价值并改进组织的治理、风险管理和控制过程。顾问、建议、引导、培训等均属于咨询服务。”

咨询服务一般由两方参与：①提供咨询建议的个人或机构，即内部审计师；②寻求并接受咨询服务的个人或机构，即业务客户。

咨询服务的范围很广，可以是书面协议规定的正式咨询服务，也可以是参加常设管理委员会/临时管理委员会或项目小组等顾问活动。咨询服务从内容方面来说，包括提供专业咨询和建议、开展优化促进活动、设计程序及开展培训等。

1.3.3 确认服务和咨询服务的区别

确认服务和咨询服务的性质应在内部审计章程中明确规定，且内部审计师不得承担管理责任。一般来说，确认服务和咨询服务并不相互排斥，审计服务可以同时具有确认和咨询的功能。首席审计官应该决定组织内哪些业务适合采用确认服务，哪些需要采用咨询方式，有时则实施“混合”业务可能比较妥当，但如果确认和咨询服务是混合的，则必须确保在角色和职责上不存在独立性、客观性或其他冲突。具体来说，确认服务和咨询服务的主要区别如下：

（1）服务性质不同

确认服务是基于对证据的客观评估，提供独立意见。确认服务的性质和范围由内部审计师确定。咨询服务一般根据客户的要求开展。咨询服务的性质和范围取决于与客户的协议，协议应以书面形式正式确定。

（2）涉及人员不同

咨询服务由内部审计师和业务客户共同完成。确认服务除了包括内部审计师和被审计单位或个人外，还包括用户（通常是高于被审计领域的管理层和董事会）的参与。

（3）业务目标的不同

确认服务由内部审计师决定，针对业务和组织相关的治理、风险管理和控制过程。咨询服务须取得业务客户同意，仅针对业务客户许可的范围进行，但与组织目标、战略和价值保持一致。

（4）针对胜任能力不足的措施不同

在确认服务中，如果现有人员不具备开展服务所需的知识、技能或其他胜任能力，首席审计官应通过培训、外包等方式获得这些胜任能力。在咨询服务中，首席审计官可以采取拒绝业务，或者获得上述胜任能力两种方式。

（5）对客观性的影响不同

在确认服务中，内部审计师不得评价上一年度由其负责的特定工作。在咨询服务中，内部审计师可以为其自身负责的工作提供咨询服务。

（6）结果的不同

咨询服务的结果通常是非正式的建议或意见，业务客户对是否采用结果有最终决定权。确认服务的结果通常是正式的审计报告，应遵守更严格的要求和更多的规则。

1.4 典型模拟试题

1. 以下哪项是国际内部审计师协会（IIA）《国际专业实务框架》中的“强制性指南”？

Ⅰ. 执行指南。

Ⅱ. 道德准则。

Ⅲ. 内部审计专业实务的核心原则。

Ⅳ. 标准。

A. Ⅰ、Ⅱ和Ⅳ。 B. Ⅱ和Ⅳ。

C. Ⅱ、Ⅲ和Ⅳ。 D. Ⅰ、Ⅱ、Ⅲ和Ⅳ。

2. 在一次年度内部审计章程审核过程中，首席审计官提到要更新章程以反映内部审计机构变化的职责。根据IIA准则，这种更新属于以下哪种类型的标准？

A. 工作标准。 B. 实施标准。

C. 属性标准。 D. 合规标准。

3. 以下哪一项违反了国际内部审计师协会（IIA）的《职业道德规范》？

A. 应法院要求报告可能对组织产生破坏性作用的信息。

B. 最终审计报告中包含了已由管理层解决了的问题。

C. 参与审计师不具备必需经验或培训的审计业务。

D. 接受向公众提供的商业广告作为礼物。

4. 根据《标准》，以下哪项内容应该在内部审计章程中得到界定？

Ⅰ. 内部审计部门在整个组织中的地位。

Ⅱ. 即将在下一年开展的审计业务。

Ⅲ. 内部审计业务活动的范围。

Ⅳ. 管理层和董事会就内部审计部门的作用和职责达成一致意见的情况。

A. Ⅰ和Ⅳ。 B. Ⅱ和Ⅲ。

C. Ⅰ、Ⅲ和Ⅳ。 D. Ⅰ、Ⅱ、Ⅲ和Ⅳ。

5. 内部审计确认性服务的主要目的是：

A. 提供咨询服务，一般出于参与客户的请求。

B. 风险降低到可接受的水平。

C. 评估业务目标的实际情况。

D. 评估与目标相关的证据，并提供结论。

1. 参考答案：C

解题思路：

Ⅰ. 不正确，执行指南属于推荐性指南，而不是强制性指南。

Ⅱ. 正确，国际内部审计师协会的道德准则属于强制性指南。

Ⅲ. 正确，内部审计专业实务的核心原则属于强制性指南。

Ⅳ. 正确，标准属于强制性指南。

2. 参考答案：C

解题思路：

A. 不正确，参照题解 C。

B. 不正确，参照题解 C。

C. 正确，属性标准 1000 指出：首席审计官必须定期审查内部审计章程，并提交高级管理层和董事会审批。

D. 不正确，参照题解 C。

3. 参考答案：C

解题思路：

A. 不正确，内部审计师尊重所获取信息的价值和所有权，没有适当授权不得披露信息，除非是在有法律或职业义务的情况下。

B. 不正确，即使管理层在审计结束前解决了问题，但在最终审计报告中仍要包含该审计发现。

C. 正确，违反了 IIA 的《职业道德规范》关于胜任能力的要求。

D. 不正确，内部审计师接受雇员和一般公众都能得到的或价值极小的宣传物品（例如钢笔、日历或者样品等），不会妨碍内部审计师的职业判断，不应被视为影响独立性和客观性的依据。

4. 参考答案：C

解题思路：

Ⅰ. 正确，内部审计章程应该确定内部审计活动在组织中的地位。

Ⅱ. 不正确，内部审计章程不包括即将在下一年开展的审计业务。

Ⅲ. 正确，内部审计章程应该确定内部审计活动的范围，确定授权审计人员接触与开展业务工作相关的记录、人员和实物财产。

Ⅳ. 正确，如果出现问题，章程就是一份与管理层和董事会达成的关于本组织内部审计部门的正式书面协议。

5. 参考答案：D

解题思路：

A. 不正确，参照题解 D。

B. 不正确，参照题解 D。

C. 不正确，参照题解 D。

D. 正确，确认服务是内部审计师为了对机构、业务、流程、系统或其他对象提供独立意见或结论而做出的客观评价。

读书笔记

第2章 独立性和客观性

本章要点

- □ 组织上的独立性
- □ 个人的客观性
- □ 对独立性或客观性的损害

第2章 独立性和客观性

根据IPPF对内部审计定义的描述，内部审计是一种独立、客观的活动，强调了内部审计的独立性和客观性。

1100——独立性与客观性

内部审计活动必须保持其独立性，内部审计师必须客观地开展工作。

独立性和客观性是审计服务内在价值的根本，独立性被看做是审计职能（一般是指组织上）的一种属性；而客观性则是内部审计师（个人）的属性。

2.1 组织上的独立性

独立性指内部审计活动公正地履行职责时免受任何威胁其履职能力的情况影响，具体来说就是内部审计部门或首席审计官在不受任何影响和控制的情况下执行内部审计活动的能力。要达到有效履行内部审计部门职责所必需的独立程度，首席审计官需要直接且不受限制地与高级管理层和董事会接触。这一要求可以通过建立双重报告关系来实现。

组织上的独立性对内部审计非常重要，其中双重报告关系支持内部审计活动的独立性；同时允许内部审计人员自由客观地开展工作，作出公平公正的职业判断，汇报审计活动结果，加强组织内部的信息流通，从而帮助内部审计实现“增加价值和改善组织的运营”目标。

2.1.1 组织层面的独立性

保证组织独立性的最佳途径是首席审计官必须向组织内部能够确保内部审计部门履行职责的层级报告。简单来说，就是向有权力保证内部审计独立开展的级别的人或机构报告。理想的情况是：首席审计官在职能上向审计委员会、董事会或其他相关治理机构报告业务工作，在行政上向首席执行官（CEO）报告行政工作。

当组织里面有其他部门是被审计对象，但内部审计部门却要向其汇报工作，这时内部审计不具备独立性。例如，内部审计业务范围涉及财务审计，但内部审计部门向财务总监汇报工作，这种汇报结构和关系就不能视为内部审计具有独立性。

1110——组织上的独立性

首席审计官必须向组织内部能够确保内部审计部门履行职责的层级报告。首席审计官必须至少每年一次向董事会确认内部审计部门在组织上的独立性。

1110. A1——内部审计部门在确定内部审计范围、开展工作和报告结果时，必须免受干预。遇有受到干预的情况，首席审计官必须向董事会汇报并讨论其影响。

(1) 职能报告

组织的独立性只有当首席审计官在职能上向董事会（或审计委员会，在美国上市公司中，人们会将《标准》中“董事会”理解为审计委员会，如果没有设立审计委员会，则由董事会履行其职责）报告的情况下才能够有效实现。职能上向董事会报告的例子包括：

- 董事会批准内部审计章程；
- 董事会批准以风险为基础的内部审计计划；
- 董事会批准内部审计预算和所需资源计划；
- 董事会与首席审计官就内部审计计划实施情况或其他事项进行沟通；
- 董事会批准关于首席审计官任免的决定；
- 董事会批准首席审计官的薪酬；
- 董事会适当询问管理层和首席审计官以确定是否存在不适当的审计范围或资源限制。

(2) 行政报告

行政上向高级管理层报告工作，有助于内部审计职能的日常运行。行政上向高级管理层报告的例子包括：预算管理、人力资源管理、内部沟通和信息互动、与管理内部审计活动相关的政策和程序等。

(3) 沟通和互动

在日常运营中，首席审计官如果能定期出席或参加董事会举行的有关对审计、财务报告、组织治理和控制系统的监督职责的会议，就可以获取战略性业务发展的信息，尽早提出高风险、系统、流程或者控制等事项，也可以利用这样的机会就内部审计部门的计划和活动，以及其他共同关心的事项与管理层交换意见。

例如，首席审计官参加组织召开的董事会或审计委员会会议，一般是在每个季度会议上通报内部审计部门草拟的审计计划、资源预算、现阶段工作进展情况和存在的主要问题等。一般每年至少要举行一次由首席审计官与董事会或审计委员会参与的会议（不涉及高级管理层），讨论内部审计、组织面临的重要和敏感事项问题。首席审计官定期，或者在年度会议、例行会议召开前，如果有与董事会或审计委员会主席单独会晤或电话沟通的渠道，对内部审计的独立性也有很大帮助。

1111——与董事会的直接互动

首席审计官必须与董事会直接沟通和互动。

2.1.2 业务层面的独立性

内部审计人员不办理经济业务，不直接参与单位各部门的生产经营活动，而应以第三者身份检查、监督、分析、评价和服务于单位的各项经济业务。

2.1.3 人员层面的独立性

内部审计人员的独立性是指内部审计师在审计活动中不受任何来自外界的干扰，独立自主地开展审计工作。内部审计必须有专职的审计人员，不应由其他业务部门，特别是会计部门的人员兼任。内部审计人员只有在独立的客观保证下，才能做出公正、无偏见的判断，只有这样，才能最大限度地增强自身的独立性，使他们在规定的权限内，独立行使职权，完成规定的任务。

2.2 个人的客观性

客观性指公正、不偏不倚的工作态度，它要求内部审计师在执行审计工作的时候要始终保持一种独立的个人思考状态，不受任何利益或他人观点所左右。在作出职业判断的时候，应该忠于自己的意见判断，不因其他因素的影响而作出质量妥协。在提交审计报告之前，应该对内部审计工作的结果进行审查，以评估是否存在有违客观性的情况或内容。

1120——个人的客观性

内部审计师必须有公正、不偏不倚的态度，避免任何利益冲突。

避免利益冲突是内部审计师保持客观性的重要途径之一。利益冲突是指备受信赖的内部审计师面临的一些与其职责相冲突的职业或涉及其个人利益的情况。其中，个人利益冲突的例子可能包括经济利益关系、社会压力、人际关系（如有配偶或关系亲密的亲友在被审计领域工作）、文化、种族和性别歧视、偏见（如与被审计活动的管理层有过争执）等。它们会影响内部审计师作出公正的职业判断和损害个人客观履行其职责的能力。从宏观角度来讲，利益冲突会削弱人们对内部审计师个人乃至整个内部审计职业的信心，导致信用危机，后果是非常严重的。这里需要注意的是，利益冲突并不一定会产生不道德或不恰当的行为后果，但即使那样，也必须去避免。

《标准》要求首席审计官在分配工作任务时，应当避免潜在的或实际出现的利益冲突和偏见，并定期获取有关这方面的信息。

如果内部审计师能在一种自由、不受外界影响的环境中工作，则可以认为他们是独立的，这将有助于内部审计师做出公正的、不偏不倚的判断意见。

2.3 对独立性或客观性的损害

对组织独立性和个人客观性的损害可能包括但不限于：个人利益冲突，工作范围限制，接触记录、人员和实物资产的限制，在经费等资源方面受到约束等。

一方面，独立性或客观性受损的细节必须披露，披露的适当对象，取决于内部审计章程中明确的内部审计部门和首席审计官应当对高级管理层和董事会承担的责任，以及损害的性质。若内部审计师认为面临了一些可能会损害拟开展的咨询服务的独立性或客观性的情形时，必须在接受该业务之前向客户披露。另一方面，影响独立性、客观性的威胁是层出不穷的，因此必须在审计师个人、具体业务、职能部门和整个组织等不同层面上都采取相应的方法来解决。

1130——对独立性或客观性的损害

如果独立性或客观性受到实质上或形式上的损害，必须向适当的对象披露损害的具体情况。披露的性质视受损情况而定。

1130. A1——内部审计师必须避免评价其以往负责的特定业务。如果内部审计师为其在上一年度内负责的业务提供确认服务，则其客观性视为受到损害。

1130. A2——确认服务涉及首席审计官负责的职能领域时，必须由独立于内部审计部门的某一方进行监督。

1130. A3——在咨询服务的性质不会损害客观性，并且个人的客观性在调配业务资源时得到有效管理的前提下，内部审计可以对实施过咨询服务的领域提供确认服务。

1130. C1——内部审计师可以对其以往负责的业务提供咨询服务。

1130. C2——如果内部审计师对于拟开展的咨询服务的独立性或客观性存在潜在损害，必须在接受该业务之前向客户披露。

2.3.1 组织独立性受损

在内部审计工作中，如果涉及组织独立性受损，实际上也会影响内部审计师个人的客观性，具体的例子包括：

(1) 首席审计官职责问题

首席审计官有可能被要求在内部审计之外扮演角色或承担职责，例如合规或风险管理方面的责任。这些角色或职责可能会损害，或看上去损害内部审计部门的组织独立性或内部审计师的个人客观性。保障措施通常是由董事会采取的针对这类潜在损害的监督活动，包括定期评估报告路径及职责，制定替代程序确认其职责范围外工作的有效性。

1112——关于首席审计官执行内部审计以外的工作

首席审计官在内部审计以外的工作中发挥作用或承担职责的情况下，必须有保障措施，以限制对独立性或客观性的损害。

首席审计官执行内部审计以外的工作，并对首席审计官负责或监督的其他职能领域开展审计，则损害了内部审计部门的组织独立性。当确认服务涉及首席审计官负责的职能领域时，必须由独立于内部审计部门的某一方进行监督。

(2) 汇报关系问题

如果首席审计官缺少与董事会沟通或互动的直接渠道，不能直接接触董事会，就无法有效地保障内部审计的独立性。首席审计官可以通过分享《标准》、被推荐的治理实务、董事会/审计委员会最佳实务研究等方式，也可以考虑向董事会递交书面申请，争取更优的汇报关系和直接接触途径。

(3) 审计资源或范围限制

审计资源限制主要指内部审计部门的预算无法满足内部审计履行章程规定的职责。审计范围限制会妨碍内部审计部门实现其目标和计划。常见的范围限制有：章程对审计范围的规定；接触相关记录、人员和实物财产的规定；经批准的审计工作项目计划；必须实施的审计程序；经批准的人员配置计划和财务预算等。

遇到审计限制，最好以书面形式向董事会、审计委员会或其他相关治理机构报告受到的限制及其潜在影响。如果机构、委员会、高级管理层或其他方面有变动，尤其需要进行这种报告。

2.3.2 个人客观性受损

涉及个人客观性受损的情况主要包括以下六种。

(1) 对以前负责的业务进行评价

内部审计师对其以往负责的特定业务必须回避。如果内部审计师为其在上一年度内负责的业务提供确认服务时，则可视为客观性受到损害。因此，对于调入或临时聘用的人员，只有在离开原岗位至少一年之后，才能分配他们参与审计他们以前负责的运营领域。如果已经这样分配了任务，则需要在监督审计任务和沟通审计结果时进一步审议。

需要注意的是，内部审计师可以对其以往负责的业务提供咨询服务。

(2) 人际利益冲突或偏见

内部审计师对配偶或关系亲密的亲友负责的业务领域开展审计，则其客观性受到损害。

内部审计师接受了公司雇员、客户、顾客、供应商或者业务伙伴的酬金、馈赠和款待，导致损害当前或未来执行业务时的客观性，但内部审计师接受雇员和一般公众都能得到的或价值极小的宣传物品，如钢笔、日历或者样品等，不会妨碍内部审计师的职业判断，不应被视为影响独立性和客观性的依据。

偏见，比如与被审计活动的管理层有过争执等，同样会影响客观性。

如果已经出现或经合理推断认为可能出现利益冲突和偏见，或者不能判定是否会影响独立性或客观性时，内部审计师应该向首席审计官进行报告。首席审计官认定或判断后，如果确认损害存在就应该重新指派内部审计师。

(3) 存在压力

压力是指内部审计师受到他人的不当影响（通常是地位高于内部审计师的人员），没有适当理由地修改已确定的审计计划、方法或结果，从而影响其客观性。

(4) 缺乏职业怀疑

在证据不足的情况下，内部审计师仅根据以往积极性审计或个人经验，就假定被审计领域已有效降低了风险。

(5) 绩效和薪酬

绩效和薪酬会在极大程度上影响个人的客观性，甚至是负面影响。如果内部审计师的绩效和薪酬主要基于客户满意度调查，内部审计师也许会因为报告可能产生低客户满意度而迟疑。因此，首席审计官在设计内部审计绩效和薪酬时，需要考虑考核指标是否会损害内部审计师个人的客观性。

(6) 开展非审计职能的责任

如果内部审计师为即将实施的系统推荐控制标准或在程序实施之前对其进行评估和复核，则并不会损害其客观性。但是，如果内部审计师参与了这些系统的设计、程序起草、安装或操作工作，就可以认为其客观性受到了损害。

内部审计师偶尔开展非审计工作并在报告过程中作了充分的披露，就不一定会损害其客观性。但是，管理层和内部审计师都需要对这种情况进行仔细考虑，以避免产生负面影响。

2.3.3 提升独立性或客观性

为有效管理和提升内部审计的独立性和客观性，首席审计官可以采用的方式包括制定政策、开展培训、持续评估等。

（1）制定政策

首席审计官一般通过内部审计政策手册或指南，描述对内部审计师的期望和要求。政策内容包括但不限于：

- 定义独立性和客观性，声明对内部审计职业的重要性；
- 明确具体的标准，要求遵循独立性和客观性；
- 描述可能损害独立性或客观性的情况；
- 告知内部审计师如果面临当前或潜在的损害问题时，应采取的行动；
- 指明披露和报告要求。

（2）开展培训

为了加强内部审计师对相关促进政策的理解和执行，更好地意识到内部审计独立、客观的重要性，首席执行官可以通过例行研讨会或培训来宣贯这些概念。这类培训课程通常组织内部审计师考虑独立性和客观性损害情景，并分析和讨论如何解决这些问题。例如，由部门内的高级审计师和审计经理来分享个人客观性受到质疑的经历，以及对冲突的关系进行自我披露的经历。

还有一种常用的培训是围绕职业怀疑进行，强调避免偏见、保持开放和好奇心态的重要性。保持职业怀疑可以确保内部审计师不会对证据的有效性做出过度假设。例如，对于管理层口头阐述的证据，内部审计师还应该进行适当的客观验证。

（3）持续评估

持续评估有助于及时发现独立性或客观性受影响情况，进行判断并确定下一步的处理方式。最佳做法是由首席审计官或具有内部审计活动监督能力的其他个人在相关业务信息发布之前审查内部审计工作的结果。

首席审计官应该定期向内部审计师询问，了解潜在的利益冲突和偏见，考虑内部审计师的工作分配。在可行情况下，最好对内部审计师的工作任务作定期轮换。

2.4 典型模拟试题

1. 以下哪种报告关系对首席审计官（CAE）的独立性影响最大？

A. CAE 在行政和职能上向总经理报告。

B. CAE 在行政上向总经理报告，在职能上向董事会报告。

C. CAE 在行政上向财务主管报告，在职能上向总经理报告。

D. CAE 在行政上向审计委员会报告，在职能上向首席运营官报告。

2. 以下哪项是首席审计官（CAE）与审计委员会保持良好关系的关键要素？

A. 共同出席所有的股东大会。

B. 共同参加所有的董事会会议。

C. CAE 与审计委员会的一个直接的沟通渠道。

D. CAE 和审计委员会主席都要强制出席所有的管理层会议。

3. 哪个是促进客观性的良好政策？

A. 避免将审计师对审计事务的判断服从于其他人的判断的情况。

B. 避免要求审计师定期做出客观的专业判断。

C. 避免审查审计内部审计员曾在该组织负责的任何领域。

D. 允许在没有实际利益冲突的情况下，在工作人员分配需要时存在潜在的利益冲突。

4. 以下哪种情况下审计师可能缺乏客观性？

A. 审计师在一个与主要客户联接的新的电子资料交换程序实施之前对其进行审查。

B. 一名前任采购助理在转入内部审计活动 4 个月后对采购业务内部控制实施审查。

C. 审计师对与服务组织订立的合同相关的控制标准和业绩评价指标提供建议，该合同与处理雇员薪金和福利有关。

D. 薪金会计职员帮助内部审计师对小型摩托车存货进行盘点。

5. 一个组织的呼叫中心要求内部审计部门在其实施新程序期间审查程序和控制情况。首席审计官应该：

A. 不接受该业务，因为推荐控制将损害未来的客观性。

B. 不接受该业务，因为内部审计活动被认为具有会计控制的专业知识，而不是过程控制。

C. 接受该业务，但向管理层表明，由于建议控制措施会损害独立性，未来在审计该范围的业务时也将受到损害。

D. 接受该业务，因为个人的客观性不会受到损害。

1. 参考答案：B

解题思路：

A. 不正确，参照题解 B。

B. 正确，理想的情况是：CAE 应该对审计委员会、董事会或其他相关治理机构报告业务工作，向组织的首席执行官（CEO）报告行政工作。

C. 不正确，参照题解 B。

D. 不正确，参照题解 B。

2. 参考答案：C

解题思路：

A. 不正确，参照题解 C。

B. 不正确，参照题解 C。

C. 正确，大多数情况下，内部审计与审计委员会是职能性的报告关系，这通常在书面章程中定义。这种关系的一个关键因素是一个直接沟通的渠道，通常包括 CAE 在任何时候不受限制访问审计委员会主席的规定。内部审计与董事会定期沟通也是很重要的，但一般不参加董事会或股东大会。

D. 不正确，参照题解 C。

3. 参考答案：A

解题思路：

A. 正确，内部审计人员对审计事项的判断，不应当服从于他人的判断。这项政策可以促进客观性，应避免实际的和潜在的利益冲突。根据标准 1130. A1，内审员在以前负责一个审计领域一年后，可以有客观性。内部审计人员不应被置于他们感到无法作出客观专业判断的情况下。

B. 不正确，参照题解 A。

C. 不正确，参照题解 A。

D. 不正确，参照题解 A。

4. 参考答案：B

解题思路：

A. 不正确，内部审计师在程序实施前对程序进行审查时，其客观性不会受到不利的影响，事实上，电子资料交换程序开发、安装使用的整个过程都离不开内部审计。如果内部审计师建议在实施系统控制或检查程序之前采用控制标准，则不会对其客观性产生负面影响。如果内部审计师设计、安装、起草程序或运行系统，就会损害其客观性。

B. 正确，对于借调或临时聘用的人员，只有在借调或聘用一段合理的时间之后（至少一年），内部审计活动才能分配他们参与审计他们以前曾经负责的经营领域，否则将损害客观性。如果任务已经如此分配，则需要在监督业务工作和沟通业务结果时格外小心。然而，内部审计师可以对他们以前负责的相关业务提供咨询服务。如果内部审计师在被请求提供咨询服务时，在相关的独立性和客观性上存在受损的可能性，那么接受业务前应向客户披露。

C. 不正确，内部审计师对控制系统的标准，在该系统实施前提出建议时，其客观性不会受到不利影响，另外对管理的建议是内部审计很重要的一个功能，也是其与外部审计的重要区别点。

D. 不正确，利用外部人员帮助审计工作的完成是符合审计准则要求的，特别是在本题中使用的是被审计对象以外的人，审计的客观性不会受到损害。

5. 参考答案：D

解题思路：

A. 不正确，建议控制不会对内部审计师的客观性产生不利影响。如果内部审计师负责设计、安装、起草或操作此类系统，审计师的客观性将被视为受损。

B. 不正确，内部审计活动应该能够评估包含组织治理、运营及信息系统的控制措施的充分性和有效性。

C. 不正确，参照题解 A。

D. 正确，在实施之前建议系统控制标准或审查程序不会削弱客观性。此外，如果接受的业务被认为涉及咨询服务，则不需要客观性，只要在接受业务之前向客户披露存在潜在损害即可。

读书笔记

第3章

专业能力与应有的职业审慎

本章要点

□ 专业能力
□ 应有的职业审慎
□ 持续专业发展

第3章 专业能力与应有的职业审慎

以专业能力和应有的职业审慎开展业务是每位内部审计师的职责。要达到这些要求，内部审计师要理解IPPF的强制性指南，特别是《职业道德规范》部分。IPPF中的相关属性标准如下：

1200——专业能力与应有的职业审慎

内部审计师在开展业务时，必须具备专业能力和应有的职业审慎。

首席审计官有责任确保内部审计部门作为一个整体遵循1200条属性标准。一般来说，首席审计官在进行部门管理工作时，应通过制定政策和程序，促进内部审计师以专业能力和应有的职业审慎开展业务。这涉及首席审计官对内部审计师的招聘和培训，以及制定适当的规划、人员配置和业务督导。为此，首席审计官首先应当根据内部审计章程和内部审计计划中规定的职责，仔细考虑为完成计划的审计业务，内部审计部门所需具备的知识、技能和其他胜任能力。

3.1 专业能力

专业能力是反映内部审计师有效履行职责所必需的知识、技能和其他能力。它包含对当前活动、趋势和新出现的问题的思考，使得内部审计人员能够提出相关的意见和建议。首席审计官应保证分配给每项业务的人员整体上具有适当地开展业务所必需的知识、技能和其他能力。首席审计官应该在充分考虑工作范围和责任层次的前提下确定各职位的教育程度和工作经验要求，并获取每位未来审计师的资历和专业水平的合理保证。鼓励内部审计师通过取得适当的专业资格证书和认证，例如IIA和其他相关专业组织提供的CIA和其他认证，以证明其专业能力。IPPF中的相关属性标准如下：

1210——专业能力

内部审计师应具备履行其职责所必需的知识、技能和其他能力。内部审计部门整体必须具备或获得履行其职责所必需的知识、技能和其他能力。

1210. A1——当内部审计师缺乏完成全部或部分业务所必需的知识、技能或其他能力时，首席审计官必须向他人寻求充分的专业建议和协助。

1210. A2——内部审计师必须充分了解有关评估舞弊风险以及所在组织管理舞弊风险的知识，但不期望内部审计师掌握以发现和调查舞弊为首要职责的人员所具备的专门技能。

1210. A3——内部审计师必须充分了解关键信息技术风险和控制以及可以获得的利用技术的审计方法，以开展工作，但不期望所有内部审计师均掌握专门从事信息技术审计的内部审计师所具备的专门技能。

1210. C1——当内部审计师缺乏完成全部或部分咨询业务所必需的知识、技能或其他能力时，首席审计官必须谢绝开展此项业务或寻求充分的建议和协助。

每名内部审计师都应该掌握一定的知识、技能和其他能力，包括：精通内部审计标准、程序和技术；熟悉会计原则和技术；理解管理原则；对会计、经济学、商法、税收、金融、量化方法和信息技术等领域的基本内容有所了解。此外，内部审计师还需要拥有开展有效人际交流的技能、拥有出色的口头和书面表达能力。

首席审计官可以采用“IIA 全球内部审计能力框架”或类似标杆，制定评估内部审计师专业能力的标准。

3.1.1 胜任能力框架

为了解内部审计师所需胜任能力的范围，IIA 提出了“IIA 全球内部审计能力框架”。该框架概括了人际交往能力领域的技能水平、工具和技术、内部审计标准、理论和方法，以及知识领域。表 3 - 1 提供了上述四个领域的概览。

表 3 - 1　　内部审计师胜任能力框架

1. 人际交往能力
a. 影响力：使用有效的说服技巧 b. 沟通：发出清晰和令人信服的信息，倾听 c. 管理 Ⅰ. 政策和流程 Ⅱ. 人员配备 Ⅲ. 排序、计划、绩效管理和以客户为中心 Ⅳ. 时间管理、达成目标和完成任务、组织技能 d. 领导力：鼓励和指引小组和人员，建立组织义务、企业家精神 e. 变化催化剂：启动、管理和成功处理变化 f. 冲突管理：谈判和解决异议 g. 协同与合作：与他人为共同目的合作 h. 团队能力：为追求共同目的创造团队协作

续表

2. 工具和技术
a. 运营和管理研究工具 b. 预测 c. 项目管理 d. 经营过程分析 e. 平衡记分卡 f. 风险和控制评估技术（包括自我评估） g. 治理、风险和控制工具与技术 h. 数据收集和分析工具与技术 i. 问题解决工具和技术 j. 计算机辅助审计技术（CAATs）
3. 内部审计标准、理论和方法
a. 内部审计实务的核心原则 b. 内部审计定义 b. 职业道德规范 c. 《国际内部审计专业实务标准》 Ⅰ. 属性标准 Ⅱ. 工作标准
4. 知识领域
a. 财务会计和金融 b. 管理会计 c. 监管、法律和经济 d. 质量：了解本组织的质量架构 e. 道德和舞弊 f. 信息技术 g. 治理、风险和控制 h. 组织理论和行为 i. 行业知识

IIA 全球内部审计能力框架定义了满足 IPPF 要求所需的能力。该框架由 IIA 志愿人员和主题专家组成的工作团队编制，提供了内部审计师所需专业知识的详细视图。当前的框架是一个工作模型，它将随着时间的推移而变化和增长。在该框架中，十个核心能力领域中的每一个都由更详细的能力列表支持。每个能力陈述都由内部审计人员、经理或首席审计官进行分类。虽然能力是单独定义的，但应该理解它们之间存在联系和相互依赖。十大核心能力包括以下方面，其中与软技能相关的核心能力为沟通、说服和协作、批判性思维。

(1) 职业道德

当专业人士受到道德行为准则的约束时，信任就会增强。IIA 的《职业道德规范》围绕诚信、客观、保密和胜任四项原则提供了具体的指导，内部审计师必须遵守这一指导，以促进和维护行业内的道德文化。

(2) 内部审计管理

内部审计师开发和管理内部审计职能的所有方面，协调所有审计业务活动，以实现既定目标。

(3) 国际内部审计专业实务框架

内部审计的性质、在本组织中的作用和对专业实务的要求载于 IPPF 中。内部审计师应用 IPPF 在一套全球商定的核心原则和标准范围内开展工作。这体现了内部审计活动的质量和持续改进。

(4) 治理、风险和控制

内部审计职业从本质上讲与评估组织的风险管理有关。为此，内部审计师评估风险管理过程和系统的质量，以及内部控制和公司治理过程。审计师必须对组织的治理、风险和控制有全面的了解。

(5) 商业头脑

内部审计从业人员必须了解组织及其员工、流程和文化。成功的内部审计师拥有关于商业环境、行业实践和特定组织因素的专业知识。

(6) 沟通

成功的审计师是有效的沟通者，在与审计客户和管理人员的会议、演示、面谈和谈判中，清晰地传达思考、想法和建议。内部审计师必须理解沟通的标准，实施高质量的沟通，并遵循沟通流程。

(7) 说服和协作

内部审计师通过协作、团队配合和合作来说服和激励他人。

(8) 批判性思维

为了帮助组织创造价值，内部审计师必须对内部审计采用批判性思维方法（这超出了一般业务审计的水平）。这包括分析情况或任务以开发可支持的审计结果，应用过程分析、商业智能和解决问题的技巧，并以合乎逻辑的方式传达评估结果。

(9) 内部审计交付

内部审计业务的有效管理包括在整个过程中使用战略、战术和工具。

(10) 改进和创新

内部审计的创新对于内部审计的发展至关重要，对于满足利益相关方不断变化的需求也是必要的。内部审计应通过拥抱变革、推动改进和创新，找到更具前瞻性的方法。

3.1.2 增强和保持专业能力

为增强和保持内部审计部门的专业能力，首席审计官可以根据《全球内部审计胜任能力框架》或其他可作对比的标杆（例如，某个成熟的内部审计部门），开发胜任能力评估或技能评估工具。然后，首席审计官可以将内部审计胜任能力的基本标准纳入岗位描述和招聘材料，以便吸引和聘用具有适当教育背景和经验的内部审计师。首席审计官也可以使用胜任能力评估工具，完成内部审计部门的定期技能评估，发现差距。

为增强内部审计部门的专业能力，首席审计官可以鼓励内部审计师的职业发展，方式包括在职培训、参加专业会议和研讨会，鼓励内部审计师取得专业资格认证等。通过定期检查内部审计师的绩效，首席审计官可以了解培训需求，并提供有助于个人发展的反馈意见。

3.1.3 获取外部服务

当缺乏完成全部或部分业务所必需的知识、技能或其他能力时，首席审计官有两个选择：一是对现有内部审计师进行教育或培训，以获得履行职责所需的专业能力；二是聘请外部服务提供方进行协助。前者适用于时间较为充裕，而预算较为紧张的情况下；后者适用于业务时间较为紧迫的情况下。此外，如果部分业务并非常规性审计内容，可能在完成本次审计后极少会再次遇到的情形下，聘请外部服务提供方是合适的选择。

外部服务提供方是指独立于内部审计部门所在机构，拥有在会计、审计、经济学、金融、统计、信息技术、工程、税务、法律、环境事务等某一学科或领域的专门知识、技能和经验的个人或公司，可以是精算师、会计师、评估师、统计师、律师、工程师、文化或者语言专家、证券专家、信息技术专家、安全专家、舞弊调查员、环境专家、地质学者、外部审计师和其他审计组织。外部服务提供方可以通过董事会、高级管理层或首席审计官来聘用。下列情况可应用外部服务提供方：

- 审计业务需要信息技术、统计学、税收、语言翻译等专门技能和知识，或者需要实现审计工作方案所确定的目标；
- 对土地、建筑物、艺术品、宝石、投资和复杂的金融工具进行资产评估；
- 确定矿藏和原油储存等资产的数量或实际情况；

* 衡量根据正在履行的合同而完成的和即将完成的工作；
* 开展舞弊和安全调查；
* 通过应用精算确定雇员福利欠款等专门方式来确定有关金额；
* 解释法律、技术和管理要求；
* 根据《标准》第1300条评估内部审计部门的质量保证与改进程序；
* 兼并和收购。

首席审计官如果希望应用并依赖外部服务提供方的工作，就应该对外部服务提供方的能力、独立性和客观性进行评价。首席审计官确定外部服务提供方是否具备开展业务所必需的知识、技能和其他能力时，要考虑：

* 外部服务提供方的专业认证、执照和相关学科的能力证明；
* 外部服务提供方在有关专业机构的会员资质和对这些机构职业道德规范的遵守情况；
* 外部服务提供方的声誉，如可以通过熟悉该外部服务提供方工作的其他人员来了解；
* 外部服务提供方对此类业务所具备的经验；
* 外部服务提供方所接受的与业务相关的学科接受的教育和培训；
* 外部服务提供方所具备的行业知识和经验。

首席审计官确定外部服务提供方的独立性和客观性时，包括确定组织内部不存在会妨碍外部服务提供方公正地进行判断和得出结论的财务、组织或私人关系，评价的结果应该向管理高层或董事会进行恰当通报。当他人选择聘用外部服务提供方，而首席审计官决定不使用也不依赖所选外部服务提供方的工作时，需要酌情向高级管理层和董事会进行恰当通报。

3.2 应有的职业审慎

1220——应有的职业审慎

内部审计师必须具备并保持合理的审慎水平和胜任能力所要求的谨慎和技能。但是，应有的职业审慎并不意味着永不犯错。

职业审慎是指内部审计师在复杂的环境中，能运用自己的专业熟练性和技巧，识别出损害组织利益的行为，对故意做假犯错、发生错误和遗漏、消极怠工、浪费、工作无效、利益冲突和不正当的行为，以及最可能发生违法乱纪现象的情形和活动保持警惕。此外，还应该确认控制不够充分的领域，并提出促进遵守可接受程序和实务的改进建议。

获得适当的教育、经验、认证和培训有助于内部审计师提升以应有的职业审慎履行职责所需的技能和专业水平。此外，内部审计师应了解和运用IPPF的强制性指南，并会有助于熟悉IIA的《全球内部审计胜任能力框架》中规定的核心胜任能力。

应有的职业审慎性意味着合理的谨慎和能力，但并不意味着永不犯错或永不出现反常工作表现。它要求审计师在合理程度上开展检查和核证工作，但不要求对所有交易进行详细检查。相应地，内部审计师不能绝对保证组织机构不存在不遵守规定或违法乱纪现象。

3.2.1 确认服务中应有的职业审慎

IPPF 以及内部审计部门的政策和程序为计划、执行和记录内部审计工作提供了系统化和规范化的方法。通过遵循这一系统化和规范化的方法，内部审计就基本上能做到对应有职业审慎的应用。不过，在具体的业务中，运用应有的职业审慎需要考虑相关的因素，IPPF 中的相关实施标准如下：

1220. A1——内部审计师必须通过考虑以下因素，履行其应有的职业审慎：

- 为实现业务目标而需要开展工作的范围；
- 所要确认事项的相对复杂性、重要性和严重性；
- 治理、风险管理和控制过程的适当性和有效性；
- 发生重大错误、舞弊或不合法的可能性；
- 与潜在效益相对的确认成本。

1220. A2——在履行应有的职业审慎时，内部审计师必须考虑利用技术的审计方法和其他数据分析技术。

1220. A3——内部审计师必须警惕可能影响目标、运营或资源的重大风险。但是，即使是以应有的职业审慎开展工作，确认程序本身并不能保证发现所有的重大风险。

3.2.2 咨询服务中应有的职业审慎

在确认服务中形成的部分考虑因素同样适用于咨询服务，不过，客户的需求与期望在咨询服务履行应有的职业审慎时非常重要。IPPF 中的相关实施标准如下：

1220. C1—在开展咨询业务时，内部审计师必须考虑以下因素，履行其应有的职业审慎：

- 客户的需求与期望，包括咨询结果的性质、时间安排与结果沟通。
- 实现咨询业务目标所需开展工作的相对复杂性和范围。
- 与潜在效益相对的咨询业务成本。

3.2.3 对职业审慎的遵循性

内部审计师通过正确运用 IPPF 的强制性指南，证明对《标准》第 1220 条的遵循，这可以反映在审计业务层面和审计部门层面。

为确保业务层面应有的职业审慎，首席审计官对业务进行适当的督导，这通常包括对将要报告的业务工作底稿、结果和结论进行复核。在复核以后，审计业务的负责人往往会通过业务之后的会议向执行业务的内部审计师提出意见。同时，可以通过业务之后的问卷调查征求审计客户对于内部审计师应有的职业审慎的意见。

在审计部门层面，首席审计官对确保运用应有的职业审慎承担总体责任。因此，首席审计官通常会开发和制定自我评估的测评工具、关键绩效指标（KPI）以及评估每位内部审计师和内部审计部门整体绩效的流程。除了客户问卷调查，评价每位内部审计师的工具可以包括同事和主管复核。同时，可以按照质量保证和改进程序中的评估结果，以及客户问卷调查或类似的反馈方法，评价内部审计部门的整体情况。

3.3 持续专业发展

1230——持续专业发展

内部审计师必须通过持续专业发展来增加知识、提高技能和其他能力。

为提高胜任能力和保持专业发展，内部审计师需要仔细考虑其岗位要求，包括培训规定和所处职业、组织、行业以及任何认证或专业领域的专业教育要求。此外，内部审计师还可以考虑近期绩效考核的反馈、关于遵循 IPPF 的强制性指南的评估结果，以及根据 IIA 的《全球内部审计胜任能力框架》或类似标杆所作的自我评估结果。仔细考虑职业目标有助于内部审计师规划长期职业发展。

3.3.1 专业发展的机会

内部审计师可以运用《全球内部审计胜任能力框架》等自我评估工具，作为制定专业发展计划的基础。该发展计划可以涵盖在职培训、辅导、答疑以及其他内部和外部培训、担任志愿者或取得资格认证的机会。通常，内部审计师会与首席审计官讨论该计划，双方可以将专业发展计划作为制定内部审计师绩效考核标准（即关键绩效指标）的基础，此类考核的结果有助于首席审计官和内部审计师认识到在哪些领域需要优先开展专业发展活动。每位内部审计师都应对个人遵循《标准》第 1230 条负责，特别是对其中“持续”一词的理解，这表明内部审计师需要不断学习。

任何培养或提高内部审计师熟练程度的主题都有助于专业发展。这可能包括业务流程、审计技巧、人际关系技巧、沟通技巧等相关主题。专业发展的机会包括：

- 参加会议、研讨会、培训项目、在线课程和网络研讨会、自学课程或进修课程；
- 开展研究项目；

- 在职业协会中担任志愿者；
- 取得专业资格证书（例如 CIA）。

与某个行业或职业（例如，数据分析、金融服务、IT、税务法律或系统设计）相关的持续专业发展可获得更多的职业胜任能力，从而加强与那些特定领域相关的内部审计工作。

有时，内部审计客户的问卷调查可能显示内部审计师在经营才能方面存在的欠缺。首席审计官和内部审计师可以通过参与组织内提供的各种培训或机会，更好地熟悉经营业务，解决此类问题。

为确保内部审计师有机会提高其知识、技能和其他胜任能力，首席审计官可以制定有关培训和发展的规定，以支持持续专业发展。此规定可以明确每位审计人员的最低培训时间，例如 40 个小时，这也是许多职业资格后续教育的要求。首席审计官可以考虑评估内部审计职业当前和新兴的需求，以及所在行业或专业领域内的特有趋势。

3.3.2　对持续专业发展的遵循性

内部审计师可以通过保留以下文档或其他证据，证明对《标准》第 1230 条的遵循：

- 对照胜任能力框架或标杆的自我评估；
- 职业发展和培训计划；
- 职业组织的会员资格和参与；
- 订阅职业信息刊物；
- 已完成的培训（例如，持续教育学时、资格证书或结业证书）。

通过在职培训和内部培训实现专业能力的提升，可能会在绩效评价中体现，也可以用来发现未来职业发展的机会。绩效指标可以反映管理方或同行对新技能和已提高的能力的评价。内部审计政策、培训计划和内部审计师问卷调查，可以证明首席审计官为持续专业发展提供了机会。

3.4　典型模拟试题

1.《国际内部审计专业实务标准》要求内部审计师拥有如下哪些技能？

Ⅰ. 内部审计师应理解人际关系并善于处理人际关系。

Ⅱ. 内部审计师应该能够识别和评价偏离良好商业惯例的重要性和重大性。

Ⅲ. 内部审计师应成为诸如经济学、商法、税务、金融和信息技术方面的专家。

Ⅳ. 内部审计师应有出色的口头和书面表达能力。

A. 仅有Ⅱ。

B. Ⅰ和Ⅲ。

C. Ⅲ和Ⅳ。

D. Ⅰ、Ⅱ和Ⅳ。

2. 由于缺少专业人员，内部审计人员不具备执行特定任务的技能。在以下哪种情况下，有必要推迟或拒绝业务？

A. 唯一可用的专家正在被审计的部门。

B. 唯一可用的专家仍然在学院或大学上学。

C. 唯一可用的专家在组织的外部审计公司。

D. 唯一可用的专家为一家外部咨询公司工作。

3. 为确保在实施审计的整个过程中都保持应有的职业审慎，内部审计师通常应：

A. 保证所有与审计相关的财务信息都已被包含在审计计划中，并被检查是否存在违法乱纪或不遵守规定的情况。

B. 保证所有的审计测试都被完整地记录。

C. 迅速向审计委员会报告在审计业务中发现的任何违法乱纪或不遵守规定的情况。

D. 在审计业务的整个过程中都考虑存在违法乱纪或不遵守规定的可能性。

4. 内部审计师应采取以下哪种行动来履行应有的职业审慎？

Ⅰ. 考虑每项审计业务中严重不合规的概率。

Ⅱ. 权衡收益和确认的成本。

Ⅲ. 以充分的审慎实施确认程序，以确保所有的风险都得到识别。

A. Ⅰ和Ⅱ。

B. Ⅰ和Ⅲ。

C. Ⅱ和Ⅲ。

D. Ⅰ、Ⅱ和Ⅲ。

5. 根据IIA《内部审计专业实务框架》，内部审计师有责任接受继续职业教育（CPE）以加强和维持其专业能力。根据规定，内部审计师可以通过以下哪些活动来达到必需的继续职业教育（CPE）时间（小时数）要求？

A. 获取工作经验。

B. 参加审计人员会议。

C. 验证所有已开展的审计测试得到全面文件处理。

D. 发表关于公司内部审计部门的文章。

1. 参考答案：D

解题思路：

Ⅰ. 正确，内部审计师被期望理解人际关系并具有处理人际关系的技能。

Ⅱ. 正确，内部审计师被期望能够掌握良好的专业知识，并能很好地识别和评价偏离良好实务的行为。

Ⅲ. 不正确，内部审计师无须成为与审计职责有关的广泛领域的专家，在很多情况下，内部审计师也不可能熟悉每个相关领域。

Ⅳ. 正确，内部审计师被期望具有口头和书面的沟通技巧。

2. 参考答案：A

解题思路：

A. 正确，同一部门的专家是不能接受的，因为这个人既不独立也不客观。

B. 不正确，参照题解 A。

C. 不正确，参照题解 A。

D. 不正确，参照题解 A。

3. 参考答案：D

解题思路：

A. 不正确，将财务信息机械地包含在审计计划中并不能保证审计总体上做到应有的职业审慎。

B. 不正确，保留详细的工作底稿并不能保证测试中做到了应有的职业审慎。

C. 不正确，应有的职业审慎并不要求将所有的违法乱纪或不遵守规定的情况都报告给审计委员会。

D. 正确，在审计业务的整个过程中都考虑存在违法乱纪或不遵守规定的可能性是证明在某项内部审计业务中已保持应有的职业审慎的唯一途径。

4. 参考答案：A

解题思路：

Ⅰ. 正确，《标准》的 1220. A1 条要求内部审计师考虑每笔审计业务中发生严重不合规的概率。

Ⅱ. 正确，《标准》的 1220. A1 要求内部审计师应关注与潜在利益相对应的确认成本。

Ⅲ. 不正确，即使内部审计以应有的职业审慎开展工作，也不能保证发现所有重大的风险。

5. 参考答案：D

解题思路：

A. 不正确，获取工作经验属于内部审计师正常的工作职责范围。

B. 不正确，参加审计人员会议属于内部审计师正常的工作职责范围。

C. 不正确，验证所有已开展的审计测试得到全面文件处理属于内部审计师正常的工作职责范围。

D. 正确，内部审计师发表关于公司内部审计部门的文章属于持续专业发展行为中的“撰写专业论文”范围，所以符合继续职业教育（CPE）时间（小时数）的要求。

读书笔记

第4章

质量保证与改进程序

本章要点

□　质量保证与改进程序的要求

□　对质量保证与改进程序的报告

第4章 质量保证与改进程序

由于组织长期处在变化过程中，业务流程也随之变化和发展。为了使内部审计满足不断更新迭代的业务和管理需求，保障高质量的审计成果，更好地帮助组织实现目标，内部审计职能部门必须制定专门的质量保证与改进程序（QAIP）。具体来说，QAIP包括以下要素：

- 涵盖内部审计活动的全部内容；
- 能够连续监控内部审计活动的效果；
- 遵循《标准》和《职业道德规范》；
- 为组织增加价值并改善组织的运营；
- 包括定期和持续性的内部评估；
- 包括至少每五年一次的外部评估，并向董事会报告评估结果。

1300——质量保证与改进程序

首席审计官必须建立并维护涵盖内部审计活动所有方面的质量保证与改进程序。

质量保证与改进程序的目的是对内部审计活动是否遵循《标准》以及内部审计师是否遵守《职业道德规范》进行评估，也可以用来评价内部审计活动的效率和效果，并识别改进的机会。质量保证与改进程序还包括对衡量业绩的相关指标进行的持续监测和分析，如审计计划完成情况、审计业务周期、审计建议被采纳情况、审计客户的满意度等。

《标准》1300对首席审计官建立和完善质量保证与改进程序提出了要求：它的范围应在IPPF的强制性内容中，涵盖内部审计活动的所有方面，也包括咨询服务。

首席审计官必须重点了解《标准》和《职业道德规范》。除此之外，首席审计官还可以找其他组织（尤其在性质和成熟度上与本组织相类似的组织）开发并实施的质量保证与改进程序案例，查阅IIA补充指南和其他指南、IIA《内部审计质量评估手册》等进行对标。

首席审计官应当鼓励董事会监督质量保证与改进程序的实施，通常采用与董事会会面的方式，了解董事会对内部审计的期望、共同讨论《标准》及质量保证与改进程序的重要性，从而取得董事会支持。

全面的质量保证和改进程序有助于将质量理念渗透进内部审计部门和业务当中，不需要单独评估每个业务是否遵循《标准》，而是按这种理念和方法执行业务，自然而然地遵循《标准》，使内部审计活动持续改进，改善内部审计行业实务。

4.1 质量保证与改进程序的要求

《标准》第1310条阐述了所有内部审计活动涉及的质量保证与改进程序要求。

1310——质量保证与改进程序的要求

质量保证与改进程序必须包括内部评估和外部评估。

质量保证与改进程序所需的要素为内部评估和外部评估，必须为这些评估确定适当的绩效衡量标准，保证与组织目标相一致。

质量保证与改进程序由首席审计官定期评估，并结合组织或部门实际需要进行更新。例如，当内部审计部门逐渐完善或部门内部情况发生变化时，可能需要对质量保证与改进程序做一些调整，以确保其持续发挥作用，帮助组织增加价值。

4.1.1 内部评估

首席审计官有责任建立一个适用于组织的内部评估流程和报告结构，使内部评估为改进审计工作提供建议，保证内部审计业务的质量，提升内部审计的可信度。内部评估主要服务于首席审计官，同时也为高级管理层和董事会评价内部审计部门提供依据。

需要注意的是，首席审计官负责内部评估，这表明内部评估不是完全客观的。

（1）内部评估范围

内部评估通常涉及以下内容：

- 对确认和咨询服务的执行情况开展常规、持续的监督和测试；
- 持续测量和分析绩效指标，如年度审计计划完成情况、审计项目周期、管理层采纳的建议、业务客户满意度等；
- 定期检查是否符合适用的法律、法规、政府或行业标准；
- 定期检查是否符合《标准》和《职业道德规范》，以及对重大不合规情况的纠正；
- 评估内部审计章程、目标、政策和程序的充分性；
- 评估对组织治理，风险管埋和控制流程的贡献；
- 评估持续改进的有效性、适用的最佳做法；
- 内部审计活动是否能够增加价值、改善运营，帮助组织实现目标。

(2) 内部评估形式

内部评估由两种相关联的形式组成，即持续监督和定期自我评估，两者共同为内部审计活动提供了一个有效的框架。其中，持续监督一般侧重于进行业务层面的评估，定期自我评估则侧重从总体上对《标准》和内部审计活动进行更全面、深入的检查。此外，定期自我评估针对每项标准的遵循情况，而持续监督更侧重于业务层面的工作标准。

1311——内部评估

内部评估必须包括：

- 对内部审计活动执行情况的持续监督；
- 定期自我评估或由组织内部其他充分了解内部审计实务的人员进行的评估。

①持续监督。持续监督是对内部审计活动进行日常监督、检查和测试的组成部分，持续监督侧重于对审计业务层面的工作标准进行评估。持续监督主要通过开展持续性的活动实现，如在计划阶段提供恰当的指导并批准审计方案；在实施阶段保证工作底稿充分支持审计发现、审计结论和审计建议；复核审计报告，确定问题、需要改进的领域以及具体整改计划等。

持续监督采用的程序和工具还包括：

- 运用检查清单、自动化工具等确认内部审计师按既定实务和程序执行，并保证与执行标准一致；
- 通过调查或沟通获得审计客户与其他利益相关方对审计团队效率和效果的反馈；
- 审计人员和业务关键绩效指标（如注册内部审计师数量、内部审计实务经验、员工一年内持续教育实践、审计业务完成的及时性、利益相关方的满意度等）；
- 其他评价内部审计活动的效率和效果的有价值的衡量标准。项目预算、考勤系统和审计计划完成情况的评估可能有助于确定是否在审计工作的所有方面花费了适当的时间。预算与实际的差异也可以作为确定内部审计活动的效率和效果的有价值的衡量标准。

对内部审计师的工作进行监督是为了保证遵守内部审计标准和审计方案，充分的监督是质量保证项目最重要的内容，是开展内部和外部评价的基础。持续监督应纳入管理内部审计活动的日常政策和实践，运用必要的流程、工具和信息对内部审计活动是否遵循《职业道德规范》和《标准》作出评估。

②定期自我评估。与持续监督不同，定期自我评估侧重于从总体上检查内部审计活动对《职业道德规范》和《标准》的遵循情况。其中，充分了解内部审计实务要求至少理解《国际内部审计专业实务框架》的所有要素。定期自我评估内容涉及：内部审计活动是否持续遵循《标准》和《职业道德规范》；已完成审计工作的质量和业务督导

情况；内部审计政策和程序是否充分和适当；内部审计活动通过哪些方式增加组织价值；关键绩效指标（KPI）如何实现；内部审计活动在多大程度上满足利益相关方的预期。

定期自我评估采用的程序包括：

- 审查每一项标准与实务，针对各项标准的遵循情况做出确认；
- 业务结束后检查（在已结束的业务中选择业务样本做检查，或使用检查清单进行审核）；
- 对关键绩效指标（KPI）开展分析（与业务相关的如预计业务时间与实际时间的对比、审计计划完成百分比、结束现场工作到发布审计报告的间隔天数、审计建议采纳和执行百分比、针对审计建议提出整改方案的及时性；其他常用衡量标准如内部审计人员中注册内部审计师数量、内部审计人员的工作经验、审计人员一年内获得持续专业发展的时长）；
- 对利益相关方开展深入面谈和调查等。

(3) 内部评估频率

首席审计官负责建立内部评估机制，要求每年至少报告一次内部评估结果。其中持续监督结果至少每年报告一次；定期评估在较大的组织里可以每年进行，较小或成熟度低的内部审计部门可以降低评估频率（如两年一次），评估结果在评估完成时立即报告。

(4) 内部评估人员

应该由内部审计部门的人员定期开展正式的内部评估，一般应由首席审计官挑选的小组或个人来完成。大型内部审计部门可能指定专人担任质量保证经理或履行类似职责。首席审计官应该倡导并监测内部评估过程，并检查每次正式内部评估的结果。通常，开展持续监督和定期自我评估的人员在执行审核时向首席审计官报告，并将评估结果直接传达给首席审计官。

4.1.2 外部评估

外部质量评估的目的，除了评估内部审计确认和咨询服务的有效性、为内部审计活动遵循《标准》的情况发表意见，还可以发现机遇，向首席审计官和内部审计人员展示成功实务、提供改进建议，提高内部审计的声誉。

1312——外部评估

外部评估必须至少每五年开展一次，必须由来自组织外部、合格且独立的评估人员或评估小组负责实施。首席审计官必须与董事会讨论：

- 外部评估的形式和频率；
- 外部评估人员或评估小组的资质和独立性，包括任何潜在的利益冲突。

(1) 外部评估形式

外部评估可以通过完全外部评估或独立外部审定的自我评估来完成。

①完全外部评估。由合格、独立的外部评估人员或评估小组进行。完全外部评估的范围主要包括：

- 内部审计遵循《标准》和《职业道德规范》的程度，可能包括合法合规方面的遵守；
- 内部审计活动的效率和效果；
- 内部审计在多大程度上能满足董事会、高级管理层和运营管理层的期望，为组织增加价值。

②独立外部审定的自我评估。当组织的资源有限时，使用独立外部审定的自我评估最佳。通常由内部审计部门先开展自我评估，再由合格、独立外部评估人员进行审定。

独立外部审定的自我评估的范围主要包括：

- 详细、全面记录的自我评估过程；
- 由合格、独立的外部评估人员开展的现场审定；
- 对其他领域的有限关注，如对标先进实务、对高级管理层和运营管理层的面谈。

(2) 外部评估频率

外部评估必须至少每五年开展一次，但首席审计官经过与高级管理层和董事会讨论时，可以提高外部评估的频率。考虑提高检查的频率的可能原因有：

- 领导层的变动（如高级管理层和首席审计官）；
- 内部审计政策或程序出现重大变化；
- 两个以上审计机构合并为一个内部审计部门；
- 关键岗位员工离职；
- 其他行业特定的或环境问题等。

由合格、独立的评估人员或评估小组开展的外部评估，对小型的内部审计部门而言比较繁琐，或者在某些情况下不适合，也没有必要开展由独立的检查小组实施的全面外部评估。例如，内部审计部门：

- 所属行业受到严格管理和监督；
- 在治理和内部控制方面受到严格的外部监督；
- 近期接受了外部检查或咨询服务，并与最佳实务进行了严格的对标；
- 依据首席审计官的判断，进行自我评估对员工发展的益处以及内部质量保证与改进程序的优势超过了进行外部质量评估所能为组织带来的收益。

(3) 质量评估小组成员的挑选与资格

合格成员的筛选，通常要对其胜任能力、独立性和客观性进行考虑。通常由首席审计官与高级管理层和董事会协商，以确定最终的评估人员和评估小组。

①胜任能力。合格的评估人员或评估小组需要两方面的胜任能力：内部审计专业实务和外部评估程序。胜任能力可以通过经验和理论学习来证明。经验来源于类似规模、复杂程度、所属部门或行业等组织的工作，类似程序高的经验更有价值。对评估人员或评估小组胜任能力的评估属于一种职业判断。

对于评估人员的资质，优先考虑因素包括：

- 取得内部审计专业相关的资格证书（例如 CIA）；
- 了解内部审计实务前沿知识；
- 最近在内部审计方面获得的最新管理经验，可证明其有能力理解和应用 IPPF。

此外，可以有其他领域（如风险管理、统计抽样、信息技术审计、控制自我评估、运营监督等）专家参与，协助外部评估小组的工作。

对于评估小组组长的资质，优先考虑因素包括：

- 具备参与以前外部评估工作相关的胜任能力和经验；
- 具备一定的技术优势和行业经验；
- 担任首席审计官或其他高级内部审计管理岗位的经验；
- 完成 IIA 质量评估相关的培训课程等。

对于评估小组而言，并非小组内的每个成员都必须具备所有的胜任能力，只要评估小组作为一个整体具备胜任能力就是合格的。

②独立性和客观性。独立的评估人员或评估小组意味着没有任何实际或认为可能存在的利益冲突，不隶属于或受控于被评估的内部审计部门所在组织。例如，由来自组织外部的内部审计师、外部咨询顾问或外部审计师组成。需要考虑潜在的独立性损害情况，具体可能来源于过去、现在和未来与组织或内部审计部门的关系，如：

- 外部审计人员依赖内部审计工作对财务报表进行审计；
- 协助内部审计部门工作；
- 存在私人关系；
- 以前参与过内部质量评估或以后可能参与；
- 提供治理、风险管理、内部控制、财务报告或其他咨询服务。

由组织其他部门（如法律或财务部门）或相关组织（如隶属关系）的人员开展的评估，不是独立的外部评估，尽管这些部门在组织上独立于内部审计部门，但这些评估人员可能会引发实质上或形式上的利益冲突。如果潜在的评估人选是组织的前雇员，则应该考虑评估人选具备独立性的持续时间（例如时间较长，已不受任何利益冲突的影响）。如果是三个或三个以上的组织之间进行同业复核（A 复核 B、B 复核 C、C 复核 A），也可以满足外部质量评估要求，但如果是两个组织相互进行同业复核，则会损害独立性。

外部评估小组应考虑各项标准、法规，组织和内部审计部门的政策和程序，以及首席审计官、审计委员会和高级管理层的预期，公正客观地开展评估工作，且外部评估小组与组织之间不能有直接或间接的利益关系。

4.1.3 质量指标

内部审计部门要证明其工作结果的有效性，就必须建立一个与利益相关者价值驱动紧密联系的绩效考核体系。重要的是按照管理层的期望，定期跟踪和衡量内部审计绩效，满足和超越主要利益相关者的期望。

(1) 平衡计分卡——内部审计活动框架

IIA 出版的《平衡计分卡——内部审计活动框架》，简要说明以下这些问题对首席审计官而言都是重要的（见图 4－1）。

核心内容：

- 专业实务框架；
- 公司和内部审计战略；
- 法律法规。

创新与能力：

- 员工经验；
- 每位内部审计师的培训时数；
- 首席审计官的报告关系，即职能性的报告；
- 具有资质的审计人员占比。

董事会/审计委员会：

- 审计委员会满意度调查；
- 审计委员会对内部审计作用的认识；
- 审计委员会关注的风险。

内部审计流程：

- 审计问题的重要性；
- 审计业务的计划和完成情况；
- 流程改进的数量；
- 主要审计发现的数量；
- 审计节省的成本；
- 质量评估技术的改善；
- 审计发现重复的数量；
- 从现场工作结束到审计报告发出的天数。

管理层和客户：

- 客户满意度调查结果；
- 审计建议实施的占比；
- 管理层的需求；
- 对内部审计的期望；
- 对审计投诉的数量。

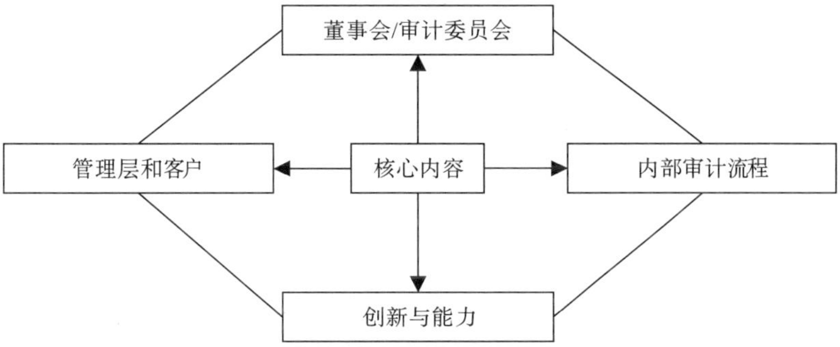

图 4-1　平衡计分卡——内部审计活动框架

（2）关键绩效指标

可以使用平衡计分卡方法来开发特定的关键绩效指标（KPI）。平衡计分卡从四个不同的角度检查绩效：财务需求、客户满意度、完成活动任务所需的业务流程，以及确保持续改进的学习和成长。图 4-2 从这些不同的角度列出了示例 KPI。

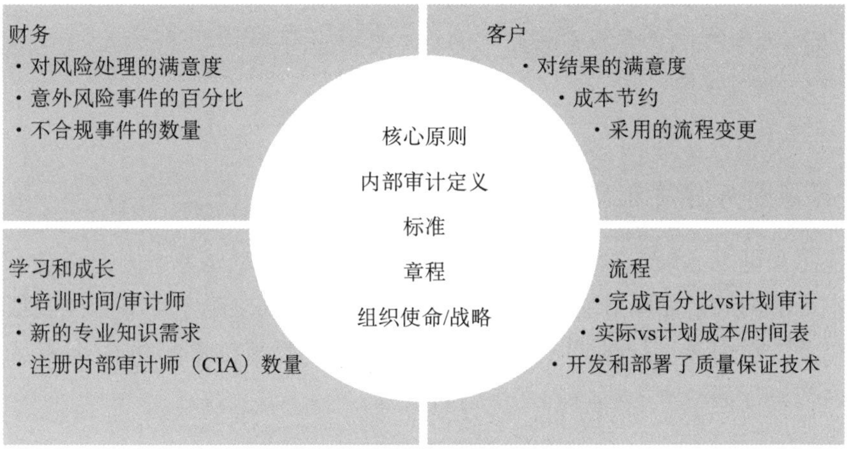

图 4-2　内部审计关键绩效指标

4.2 对质量保证与改进程序的报告

质量保证与改进程序结果的报告形式、内容和频率需要通过与高级管理层和董事会讨论确定。为反映内部审计活动对《职业道德规范》和《标准》的遵循情况，内部评估和外部评估的结果在评估完成时应立即报告，持续监督的结果至少每年报告一次。

对于内部评估，首席审计官可以与董事会、高级管理层等利益相关方分享评估结果和行动计划；对于外部评估，在开展评估期间和评估结束时，外部评估小组应该与首席审计官讨论初步评估结果，并将最终结果通过正式报告传达给首席审计官，最好将报告副本直接发送给高级管理层和董事会。

4.2.1 上报内容的要求

《标准》明确规定了首席审计官就质量保证与改进程序与高级管理层、董事会沟通的基本要求。

1320——对质量保证与改进程序的报告

首席审计官必须向高级管理层和董事会报告质量保证与改进程序的结果。报告的内容应当包括：

- 内部评估和外部评估的范围与频率；
- 评估人员或评估小组的资质和独立性，包括潜在的利益冲突；
- 评估人员的结论；
- 整改计划。

（1）内部和外部评估的范围和频率

评估范围和频率必须与董事会、高级管理层讨论，同时要考虑内部审计章程明确的关于内部审计部门和首席审计官的职责。评估的范围可以来源于董事会、高级管理层及其他利益相关方对内部审计的期望，还可以参考未遵循《标准》的内部审计实务，以及可能对内部审计活动产生影响的外部监管要求。

（2）评估人员的资质和独立性

首席审计官挑选外部评估人员或评估小组，与董事会、高级管理层讨论潜在评估者的资质与独立性，包括实质或潜在可能的利益冲突，最终评估小组的确定需要取得高级管理层和董事会的批准。并在评估过程和报告外部评估结果时，对评估者的资质和独立性进行确认。发现实质的或潜在可能的利益冲突，都应该及时报告高级管理层和董事会。

（3）评估人员的结论

外部评估不仅对内部审计活动遵循《标准》的总体程度发表意见和作出结论，也包括对每项标准的评估。主要结论分为：

● 总体遵循：有章程、政策和程序指导内部审计活动，并且内部审计活动的执行和结果符合《标准》的要求。

● 部分遵循：内部审计活动中有部分偏离《标准》，存在一定的缺陷，但不影响内部审计部门正常履行职责。

● 未遵循：内部审计活动偏离《标准》程度较高，存在非常重大缺陷，这些缺陷严重影响了内部审计部门在其所有或重要领域充分履行职责。

（4）整改计划

内部评估结果可以包括整改计划及完成情况。外部评估人员可以针对内部审计未遵循《标准》的领域及时提出改进建议。首席审计官有责任回应建议，向高级管理层和董事会报告针对外部评估的建议而采取的整改计划。首席审计官还可以将外部评估建议和整改计划纳入内部审计部门现有监督环节中，执行整改计划后向董事会报告监督进展，或在下一次的内部评估中进行整改跟进。

4.2.2 对“遵循《标准》”的应用

内部审计活动遵循《标准》，是指取得了《职业道德规范》以及《标准》要求的结果，既包括内部评估的结果，也包括外部评估的结果。所有内部审计活动都需要有内部评估的结果，已存在至少五年的内部审计活动则还要有外部评估的结果。首席审计官除了了解质量保证与改进程序的要求、熟知内部审计部门近期内部和外部评估结果，一般也要了解董事会对使用遵循《标准》声明的期望。

1321——对“遵循《标准》”的应用

只有在质量保证与改进程序的结果证实内部审计活动遵循了《标准》时，才可以出具“遵循《标准》”的声明。

出具遵循《标准》的声明需要以下几个前提：

● 在每五年期间至少进行一次外部评估。如果超过五年尚未完成，则需要停止声明。

● 进行持续监督和定期评估。如果未按与董事会沟通确定的频率开展内部评估，则需要停止声明。

● 评估得出的结论是内部审计活动符合要求。如果内部评估或外部评估结果不能确认内部审计活动遵循了《标准》和IIA《职业道德规范》，则需要停止声明。

- 成立不满五年的内部审计部门，可以根据评估结果符合要求的内部评估文档记录，声明遵循了《标准》。

当外部评估结果遵循了《标准》，在开展下一次外部评估前（不超过五年），只要每次内部评估结果仍然支持这一声明，内部审计部门就可以继续使用该声明。

4.2.3 对未遵循情况的披露

内部评估和外部评估结果可以反映可能影响内部审计部门按《标准》、利益相关方的期望等履行职责的情况，包括对独立性和客观性的损害、审计业务范围限制、资源限制等。这些未遵循情况经过确认并记录后，一般会向高级管理层和董事会报告。

1322——对未遵循情况的披露

若未遵循《职业道德规范》或《标准》的情况影响到内部审计活动的整体范围或者运作，首席审计官必须向高级管理层和董事会披露未遵循事项及其影响。

如果内部审计活动没有达到出具遵循《标准》声明的条件，包括未按要求开展内部和外部评估活动，以及评估结果为不遵循《标准》，则需要由首席审计官评估这种未遵循情况的影响，并向高级管理层和董事会披露未遵循事项及其影响。

4.3 典型模拟试题

1. 以下哪项活动旨在为内部审计部门的成效提供反馈意见？

Ⅰ. 恰当监督。

Ⅱ. 恰当培训。

Ⅲ. 内部评估。

Ⅳ. 外部评估。

A. Ⅰ、Ⅱ和Ⅲ。

B. Ⅰ、Ⅱ和Ⅳ。

C. Ⅰ、Ⅲ和Ⅳ。

D. Ⅱ、Ⅲ和Ⅳ。

2. 为评价内部审计活动的恰当工作情况，质量保证和改进程序必须包括：

A. 在一定样本基础上对内部审计工作进行定期监督。

B. 由内部审计之外的人员进行的内部评估，以评价内部审计活动的工作质量。

C. 至少每 5 年进行一次的外部评估。

D. 业务经理的定期轮换。

3. 对于资源有限的小型内部审计机构，关于由合格独立审定人员进行外部评估，以下哪项行动最适宜？

A. 不要求首席审计官建立并维护质量保证和改进程序。

B. 首席审计官应引入独立审定的自我评估。

C. 由于至少每七年必须进行一次外部评估，首席审计官应确保资源分配。

D. 质量保证和改进工作应完全以内部评估为主。

4. 以下哪项陈述在质量保证和改进计划的沟通方面是正确的？

A. 首席审计官确定所传达结果的形式和内容，而无须征求高级管理层或董事会的意见。

B. 外部评估的结果在完成后传达。

C. 定期内部评估的结果至少每月传达一次。

D. 持续监测的结果在完成后传达。

5. 首席审计官（CAE）认为，由于他拥有 40 多年的内部审计经验，因此他有能力确定该部门是否符合国际专业实务框架（IPPF）。如果审计部门在所有其他方面都遵守了标准，那么 CAE 应该在审计报告中包含哪些关于一致性的声明？

A. 不需要关于一致性的声明。

B. 审计报告应说明该部门符合 IPPF。

C. 除进行外部质量评估外，该部门根据 IPPF 进行审核。

D. 审计报告应表明该部门“不符合”标准。

1. 参考答案：C

解题思路：

为内部审计部门的成效提供反馈意见的是质量保证与改进程序，它包括适当的监督、定期的内部评估、对质量保证的持续监督和定期的外部评估，以及对建议的后续跟踪，涉及对资源、技术、过程和程序作出适当、及时的调整。

Ⅰ. 正确，持续适当的监督是质量保证与改进程序的内容之一。

Ⅱ. 不正确，适当的培训是保持内部审计人员胜任能力的重要方式。

Ⅲ. 正确，内部评估是质量保证与改进程序的内容之一。

Ⅳ. 正确，独立的外部评估是质量保证与改进程序的内容之一。

2. 参考答案：C

解题思路：

A. 不正确，质量保证与改进程序是对内部审计部门开展的审计和咨询业务的整体情况进行持续和定期的评估。这些持续和定期的评估包括严格而全面的程序、对内部审计和咨询工作的监控和测试以及对是否遵循《职业道德规范》和《标准》的定期验证。评估还包括对业绩指标（例如：审计计划完成情况、循环周期、被采纳的建议、客户满意度）的持续评价和分析。若评估结果指出了应由内部审计部门进行改进的领域，首席审计官将通过质量保证与改进程序实施改进工作。

B. 不正确，内部评估可以是由内部审计师定期开展的自我评估，也可以是组织内部其他充分了解内部审计实务的人员进行的定期检查。

C. 正确，《标准》第 1312 条规定：外部评估必须至少每五年开展一次，必须由来自组织外部、合格且独立的检查人员或检查小组负责实施。

D. 不正确，参照题解 A。

3. 参考答案：B

解题思路：

A. 不正确，参照题解 B。

B. 正确，外部评估可以通过完全外部评估或对自我评估的独立外部审定来完成。

C. 不正确，参照题解 B。

D. 不正确，参照题解 B。

4. 参考答案：B

解题思路：

A. 不正确，通过与高级管理层和董事会的讨论，确定质量评估和改进计划的沟通结果的形式、内容和频率，并考虑内部审计章程中包含的内部审计活动和 CAE 的职责。

B. 正确，根据《标准》第 1320 条，外部评估的结果应在完成后通知。

C. 不正确，定期内部评估的结果在完成后传达。
D. 不正确，每年都会传达持续监测的结果。

5. 参考答案：C

解题思路：
A. 不正确，参照题解 C。
B. 不正确，参照题解 C。
C. 正确，由于尚未执行外部质量评估，需要“部分符合”声明。
D. 不正确，参照题解 C。

读书笔记

第5章

治理、风险管理和控制

本章要点

□ 组织治理与内部审计

□ 风险管理与内部审计

□ 内部控制与内部审计

□ 内部审计的其他战略作用

第5章　治理、风险管理和控制

内部审计的最终目的是帮助组织实现其目标，具体的作用分别体现在公司治理、风险管理和内部控制三个方面。本章主要介绍治理、风险和控制的知识要点，并阐述内部审计在治理、风险和控制中的角色和职责。

2100——工作性质

内部审计活动必须应用系统、规范、基于风险的方法，评估并协助改善组织的治理、风险管理和控制过程。当内部审计师积极主动开展工作，其评价结果提供新的深刻见解并考虑到未来的影响时，内部审计的可信度和价值就能得到提升。

总的来说，内部审计评估能够提供信息，评价整个管理过程。所有组织内部的业务系统、过程、运营、职能及活动要服从于内部审计师的评估。内部审计综合性工作范围应合理保证管理层的：

- 风险管理系统是有效的；
- 内部控制系统是高效率、有效果的；
- 通过创造和保存价值、设置目标、监督业务活动和业绩、定义承担责任的方法，实现治理程序的有效性。

5.1　组织治理与内部审计

2110——治理

内部审计活动必须评价并提出适当的改进建议，以改善组织实现下列目标的治理过程：

- 做出战略决策和运营决策；
- 监督风险管理和控制；
- 在组织内部推广适当的道德和价值观；
- 确保整个组织开展有效的业绩管理、建立有效的问责机制；
- 向组织内部有关方面通报风险和控制信息；
- 协调董事会、外部审计师、内部审计师、其他确认服务提供方和管理层之间的工作和信息沟通。

2110. A1——内部审计部门必须针对组织内与职业道德相关的目标、计划和业务，评估其设计、实施和效果。

2110. A2——内部审计部门必须评估组织的信息技术治理是否支持组织的战略和目标。

《标准》对治理的定义是："指董事会实施的各种流程和架构的组合，用以告知、指导、管理和监督组织的活动，以实现组织目标。"

公司治理是一个涉及公司的管理层、董事会、股东和其他利益相关方之间的一整套关系体系。它提供了一个确立公司目标、决定实现目标的措施和绩效监控的框架。良好的公司治理应该对董事会和管理层提供适当的激励，促使其追求符合公司和股东利益的目标，并有利于有效的监督。

所有权和控制权分离而导致的治理问题会影响公司的治理和决策过程。所以说，治理就是运用权力去指导、控制以及用法律来规范和协调人们利益的行为。

2002 年 7 月 23 日，国际内部审计师协会（IIA）在对美国国会的建议中指出：一个健全的治理结构是建立在有效治理体系的四个主要条件的协同之上的，这四个条件是：董事会、高级管理层、外部审计和内部审计。在司法机构和管理机构的监管下，这四个部分是有效治理赖以存在的基石。

公司治理的四大基石（关键要素）是：

- 董事会：确保有效的内部控制系统，确定并监控经营风险和绩效指标；
- 高级管理层：实施风险管理和内部控制，日常计划、组织安排；
- 外部审计师：应保持独立性，审计与咨询业务分开；
- 审计委员会（内部审计师）：增强报告关系上的独立性。

5.1.1 治理原则

治理，通常意义上指组织或企业治理，在全世界的组织中都呈现出一种上升态势。究其根本，治理其实是一种催化剂，确保企业所有要做的事情都围绕着董事会所制定的目标来进行，反映了一个企业的政策、流程和结构。这个治理的过程与很多业务活动或计划有交集。

（1）治理活动

治理对全球所有的组织来说都越来越重要。就其性质而言，治理是一项复杂的活动。以下所列的组织业务活动和计划都体现了与治理活动的交集：

①遵守法律或监管要求。企业需要回应诸如证券交易所、行业监管机构、立法机构等，主要是实现特定的结构和流程来确保符合法律法规的监管。通常，通过这些回应可

以确定一个组织治理结构中的关键要素，如董事会构成、内/外部审计师的角色等。

②内部控制评估和报告。内部控制是为管理的策略和方向的正确性和可操作性服务的。许多组织使用了控制框架（如COSO、CoCo、Cadbury、Turnbull或COBIT），这些框架的元素很明显地与治理的要素发生了重叠。

③企业风险管理。对组织风险的充分理解和评估以及适当的风险缓解措施（如CO-SO、ISO 31000、Turnbull等）的有效执行是治理过程中的关键要素。企业风险管理（ERM）中一个很重要的治理方面就是要设定好企业的风险容忍度，并且能进行有效的持续监控。这包含两方面的意义：一方面是组织有多大的能力来承担风险；另一方面是在特定领域内承担风险的意愿有多强。应对这些风险不仅需要对每个风险点设置一系列的政策，而且还要设置一些可以让员工自愿去做到、可计量或平衡风险的关键绩效指标（KPI），以提高对抗风险或吸收风险的能力。

④质量计划。有很多不同的质量改进方式可以有效地确定组织治理的有效性，如ISO 9001认证、欧洲质量管理基金会奖、六西格玛奖、波多里奇奖等。

⑤信息披露公开透明。社会责任、环境保护、管理实务、劳资关系以及其他社会问题的报告渐渐变得司空见惯，甚至超过了财务报告披露的频率。这些财务和非财务报告表明了披露的透明度，同时也是公司治理的一个关键要素。

⑥治理结构和流程。公司治理中一些独特的方面，包括管理架构、企业监管或被董事会或管理层认定为违反企业价值观的纪律处罚等。

（2）目标和受托责任

股东价值最大化一直是传统公司治理的基本目标，但是现代社会已经迈入了知识经济时代，经营环境的变化使得越来越多的人和群体利益受到企业经营业绩的影响。企业将不仅仅是股东的企业，利益相关方理论认为公司治理的目标应转向实现利益相关方利益，但这个理论操作起来难度较大。从长远观点看，公司治理目标应该是介于二者之间的选择，以企业价值最大化作为公司治理的目标，企业价值最大化既考虑了利益相关方的利益又体现了股东价值最大化的目标。

公司治理的根本要素在于受托责任。公司治理是由股东大会和董事会、董事会和高级管理层组成的两个控制系统，为实现有效监管，治理参与者要对各利益相关方承担受托责任，这就形成了多重受托责任。

5.1.2 治理角色和责任

利益相关方、董事会/审计委员会、管理层、外部审计人员和内部审计人员等一些相关主体参与到公司治理中，这些相关主体是需要治理的组织单位直接或间接的受益人，相关主体之间也相互发生关系（见图5-1）。

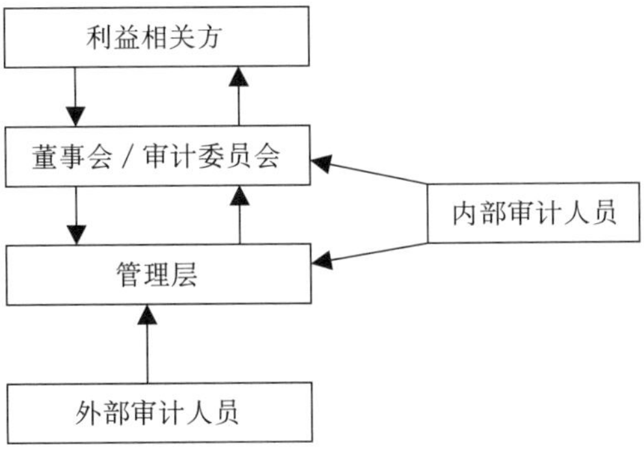

图 5－1　组织治理的相关主体

（1）利益相关方

利益相关方是指与组织有一定利益关系的个人或其他群体，他们能够被其他一个群体组织影响，同时也能对群体组织产生影响，可能是组织内部的（如雇员），也可能是组织外部的（如供应商）。大多数情况下，利益相关方包括但不限于：

- 所有者和股东；
- 银行、供应商和其他债权人；
- 购买者和顾客；
- 广告商；
- 雇员；
- 社区；
- 工会和竞争对手；
- 地方及国家政府；
- 监管机构；
- 媒体和社会活动团体。

公司治理界定的不仅仅是企业与其所有者之间的关系，而且包括企业与其所有利益相关方之间的关系。

按照企业的契约理论，企业可以看作是各类参与者之间达成的一系列实际与隐含契约，这些契约规定了他们在各种情况下的权利、责任以及报酬。为了实现效率和价值的最大化，必须把他们的利益协调起来。

20 世纪 60 年代以来，随着公司社会责任的日益强化，利益相关方在公司治理中的作用越来越得到重视。在经济合作与发展组织（OECD）的公司治理原则中，专门论述了股东、董事、经理阶层以外的利益相关方的利益，指出："应确认利益相关方的合法权利，并且鼓励公司和利益相关方在创造效益和工作机会以及为保持企业良好财务状况而积极进行合作。"

利益相关方理论认为应该将公司治理的目标从追求股东价值最大化转向追求利益相

关方利益最大化，利益相关方参与公司治理并能够创造良好的外部环境，有利于形成更有效的制衡机制及公司长期绩效的提高，有利于公司社会责任的实现。

(2) 董事会/审计委员会

根据《标准》对董事会的定义，指最高层次的治理机构（例如董事会、监事会、主管或受托人等）负责指导和监督组织的经营活动，并负责追究高级管理层的责任。尽管在不同地区和行业中治理机构的组成会有所不同，但董事会的组成成员一般不会是管理人员。如果组织没有设立董事会，那么《标准》中的“董事会”一词可以指负责组织治理工作的团队或个人。此外，《标准》中的“董事会”也可以是治理机构授予特定职能的委员会或其他机构（如审计委员会）。

董事会在治理过程中的主要责任和活动包括：

- 对治理承担主要责任，建立并保持组织的治理过程，作为组织所有治理活动的焦点；
- 负责建立、实施和监控整个组织的道德规范、业务实践以及合规性政策标准；
- 授予首席执行官和高级管理层重要的日常运营任务并监督；
- 指导和监督首席执行官、高级管理层制定战略目标、确立风险偏好、建成有效的风险管理控制体系，对绩效进行监控，提供透明和及时的利益相关方沟通。

董事会通常根据其职能和作用，将内部职能划分为执行委员会、审计委员会、报酬委员会、提名委员会、预算委员会、筹资委员会等，这些委员会具有各自独立的功能和人员。审计委员会作为董事会下属的其中一个工作委员会，角色相当独特，它由独立于管理层的外部董事构成，其成员都是一些专门的、合格的外部董事群体，他们能理解、监控、协调和解释整个机构的内部控制和相应的财务活动。根据《萨班斯法案》的定义，审计委员会是指由发行证券公司的董事会发起并由董事会成员组成的委员会（或同等意义的团体），其目的是监督公司的会计、财务报告以及公司会计报表的审计。同时《萨班斯法案》规定，审计委员会的成员之一一定要有一名“财务专家”。

审计委员会的存在对于董事会很好地发挥作用是有帮助的，第一，它明确了董事会的各种职责，提高了董事会效率。第二，有利于董事会直接参与公司的重大决策，并获得经营信息。第三，有助于非执行董事对公司事务的参与。

审计委员会的主要职责包括：

- 讨论每一年度和季度的财务报表并提出质疑；
- 评估公司对外发布的所有盈利信息和分析性预测；
- 切实讨论公司的风险评估和管理政策；
- 负责公司内部审计机构的建立及运行；
- 负责聘请注册会计师事务所，给事务所支付报酬并监督其工作，受聘的会计师事务所应直接向审计委员会报告；
- 接受并处理本公司会计、内部控制或审计方面的投诉；

- 有权雇用独立的法律顾问、其他咨询顾问和外部审计师。

董事会及其审计委员会对内部审计实施监督、指导的典型事项包括：

- 批准内部审计章程；
- 任命或解聘首席审计官；
- 审核年度内部审计计划；
- 审核内部审计的预算；
- 听取首席审计官的审计结果报告并责成其对有关事项实施审计或审计调查；
- 检查内部审计结果的采用情况等。

可见，审计委员会必须加强监督的职责，关注舞弊和非法行为，明确对内部审计的领导职责，帮助董事会监督内部控制及风险管理系统。

(3) 首席执行官/高级管理层

高级管理层显然是公司治理的推动者，其对治理质量的影响是显著的。《萨班斯法案》将原先要求董事会承担的关于内部控制的责任转向了公司高级管理层。根据纽约证券交易所的治理原则，每一年首席执行官都必须向纽约证券交易所签字声明他们没有发现任何违背公司治理原则的行为。可见，高级管理层需要以个人名义在财务错弊、内部控制、道德规范等方面承担更大的法律责任。

首席执行官的主要职责包括：

- 设置高层基调，言出必行；
- 承担实施组织治理的最终责任；
- 担任高级管理层的领导者，作为主要成员。

高级管理层的主要职责包括：

- 在董事会的监督下，设定战略方向，建立组织的价值体系；
- 确保风险管理流程的进行，监控组织的运营情况，衡量运营结果，及时对问题实施纠正措施。

(4) 运营管理层

运营管理层是为组织生产经营活动相关的各个业务部门进行统筹、管理和监督而设置的角色。同时，他们也负责执行流程以及问题的纠正和改进。

运营管理层的主要职责包括：

- 开展战略部署，实施内部控制，监督其控制的区域；
- 对高级管理层负责，最终对董事会负责，实施和监控风险管理，建立适当有效的内部控制系统。

(5) 外部审计

外部审计指的是社会审计，也就是由依法成立的会计师事务所接受委托人的委托所实施的审计。

外部审计师的主要职责包括：

- 根据适用的法规和会计准则，为财务报表编制和报告活动提供第三方独立保证；
- 协调与内部审计的工作，确保适当的工作覆盖范围，减少或避免重复工作，最大限度地提高工作效率。

(6) 内部审计

内部审计通常服务于治理过程的相关各方，并为其提供服务与增加价值。内部审计经常被要求服务于两个对象：负责治理的人和被治理者。管理层经常要求内部审计人员帮助提供下列确认活动：

- 有效地识别和监控风险；
- 有效地控制组织过程；
- 确保组织流程是有效率的或有效果的。

帮助提供的咨询服务是内部审计可以从改善风险管理和控制流程中，进一步帮助管理层和董事会增加组织价值和改善组织运营。因此，内部审计常被认为是管理者的“耳目”。内部审计在满足管理层确认与咨询的需要时，与满足审计委员会的要求方面有着明显的差异，审计委员会对控制的确认更感兴趣。

5.1.3 治理与企业文化

好的公司治理形式取决于一个公司的环境。在企业文化与公司治理之间存在着一些关系。一个企业会用不同的法律形式、框架、战略和程序来确保实现以下几点：

- 遵守社会上的法律法规和约定俗成的规则；
- 满足一般意义上的商业标准、道德规范和社交的社会期望；
- 为社会回馈综合效益，为特定的利益相关方提供价值；
- 全面真实地向所有者、监管机构、其他利益相关方及普通大众报告并确保对由公司所做的决策、行动、行为和表现负责。

一个组织选择用以引导其行为来履行其职责的过程，通常被称为治理过程。一个组织治理过程必须得到发展以满足不断变化的环境。一个组织的治理过程形成独特的企业文化，影响着企业的价值观、角色和行为。因此，如何有效地在总体治理过程中履行其预期的职责在很大程度上取决于组织的文化。

(1) 企业文化的组成内容

企业文化由企业的使命、愿景、价值观共同组成，它是全体员工在生产、经营和管理中共形成的以价值观为核心的一系列观念、制度、行为准则及物质表征的总和。文化是每个组织特有的组成部分，它不是一套适用于每个组织的标准、法规或实践规定，对一个组织有效的企业文化可能不适用于另一组织。

①企业愿景。愿景是对企业期望成为什么样子的描绘。从广义上讲，就是企业最终想实现什么。因此，愿景宣言清晰地表达了对组织理想状态的描述，使组织的未来更加具体化。换言之，愿景指明了企业在未来数年想要前进的方向。重要的是，愿景反映了企业的价值观和渴望，并且希望借助愿景抓住每一位雇员的心，最好也能影响到其他利益相关方。企业的愿景比较持久，而使命会根据不断变化的外部条件而变化。愿景的表述最好相对简短而精确，而且容易记忆。例如，麦当劳的愿景表述为：我们的愿景是成为世界上服务最快、最好的餐厅。

②企业使命。企业的愿景是其使命的基础。使命是指一家企业意图参与竞争的一个或多个业务，以及所要服务的顾客。企业的使命比其愿景更加具体。然而，和愿景一样，使命要建立企业的个性，与所有的利益相关方有关，并且能够鼓舞人心。使命和愿景一道，为企业选择和执行一个或多个战略提供了坚实的基础。当员工能够强烈感受到引导他们努力工作以帮助企业实现其愿景的道德标准时，企业更有可能形成有效的使命。即使企业形成使命的责任最终归于其首席执行官，首席执行官和高层管理者也倾向于让更多的人参与到企业使命的形成过程中。其中主要原因在于企业使命直接涉及产品市场和顾客，而中层和基层管理者以及其他员工与他们正在服务的顾客和市场有更直接的接触。如麦当劳的使命表述为：世界上任何一个社区都成为我们的员工最好的雇主，在每一家餐厅为我们的顾客提供专业优秀的服务。从这一点来看，麦当劳的使命表述与其如何成为世界上最快、最好的餐厅的愿景保持一致。

③企业价值观。企业价值通常被定义为组织的行为标准，确定了组织的基本和持久性原则。良好的企业价值观能够引导和规范组织及员工行为，不断产生凝聚力，为企业的生存和发展提供强大的精神支柱。价值偏好一般包括与道德行为、诚实、正直和其他社会问题相关的陈述。如麦当劳的 7 个价值观表述为：顾客至上、诚信经营、坚信系统、以人为本、不断更新、业务增长、回馈社会。强大的企业价值观是控制系统的有效组成部分，对企业价值观的明确陈述、传达和肯定，对支持组织的行为准则和道德规范方面起到重要的补充作用。组织的高级管理人员往往期望将企业价值观嵌入组织的管理实践当中，被组织成员内化，并在组织的各项业务流程中被考虑，成为所有决策和活动执行背后的指导力量。

（2）文化对整体控制环境的影响

了解组织文化的渠道包括审查组织对待治理的态度、与合作伙伴的关系、对待员工的态度、对负面事件的反应和处理、对竞争对手及群体的行为等。审查组织文化有助于主动管理风险，并形成关键的风险预警功能。同时，组织的风险偏好、理念，如风险喜好、风险中性、风险厌恶等，也可以通过分析组织文化来确定。

控制环境通常受到管理风格以及管理者履行监督职责的影响。控制环境侧重于日常业务中体现的诚信、道德、价值观和能力，因此与组织文化相关联。控制环境由上至下传达，全员参与，以实现组织的业务目标。

以下内容表明了文化如何成为影响组织绩效的关键因素。

①领导。组织文化由董事会、高级管理层定义，设定“高层基调”。董事会和高级管理层的行为必须反映所支持的价值观，传达为全体员工提供指导的使命、愿景和战略，需要保持一致性。高层基调是关注行动还是缺乏行动、领导者如何进行自我管理，在极大程度上影响组织行为和文化。缺乏清晰的方向、频繁的变更、任意的决策都会形成消极的组织文化，可能导致各部门文化不同，工作适得其反，直接影响业务运营的效率和效果。

②道德。商业伦理道德超出了法律及合规要求。它表明组织是否在诚信、诚实和公平价值观的前提下运行。明确行为准则并推行实施可以改善组织文化；相反，一个组织行为准则的缺失可能产生负面文化。把道德和伦理作为一种手段，对实现目标来说十分重要。

③价值观和信仰。员工在日常业务活动中表现出来的行为和能力也反映了组织文化。价值观和信仰共同构成控制环境的基础。不健康的价值观和信仰是组织产生不良商业行为的一个危险信号。

(3) 文化对特定业务风险和控制的影响

在审计业务中，从审计计划的最初阶段到考虑确认业务、咨询业务的特定风险和控制，都纳入了对文化的考虑，这对内部审计人员来说很重要。文化可以包括：

- 给予员工的自主程度；
- 人们如何在同级和其他层级上与他人互动；
- 规则和预期行为有多明确；
- 存在何种奖励制度。

这些因素可以通过多种方式影响特定业务，例如：内部审计师需要和谁沟通以获取对记录或计算机系统的访问权限；需要谁来接受面谈以获得对某个领域的全面观点。

当内部审计师制订年度审计计划时，会考虑需要审计哪些职能领域或业务流程，并把这些称之为风险领域。组织的文化可能影响内部审计活动如何选择风险领域，并对关键的风险领域给予足够的重视。如果文化强调正式的职能，那么最佳实践是通过这些职能来定义风险范围，这样管理层将更有可能理解并接受审计计划。如果文化更加具有学院特色，并且组织更加致力于跨职能的目标，那么审计最好通过业务流程来定义风险范围。

当涉及特定业务时，文化可以影响风险评估的质量，并由此影响审计计划的制订。例如，强调正式和一致的风险评估方法的文化将善于识别定量风险并全面识别风险，但他们可能会错过一些定性或新兴风险。

文化影响控制的设计、报告或执行问题。制定与控制活动有关的政策和程序可以是有所保留的或宽泛的，非正式的或正式的。内部审计的作用是评估这些政策是否有助于减轻关键风险并实现组织目标。在缺乏正式政策和程序的文化中，管理层通过正式的书面形式制定新政策和程序可能要比在官僚主义更严重的文化中更具挑战性。在拥有许多正式政策和程序的组织中，更多的挑战可能来自于确保关键的政策和程序得到推动和传达。文化还影响与内部控制相关的信息沟通。例如，在确保内部控制的目标和责任在内部传达给合适的人员时，有些文化可能会淡化或避免与负面信息相关的讨论，如果这种倾向影响内部控制的有效性，内部审计师可能需要提出建议。

5.1.4 企业社会责任

企业社会责任（CSR），有时也被称为社会责任（SR）或可持续发展（SD），国际内部审计师协会（IIA）实务指南“评估企业社会责任/可持续发展”规定：“一般来说，企业社会责任被认为是公司以透明和负责任的方式把社会、环境和经济问题整合到他们的价值观、文化、决策制定、战略和运营中，从而在公司内部建立更好的实务，创造财富和改善社会。”该定义强调了将企业社会责任融入到组织每个环节的重要性。这是一种自我治理的形式，旨在确保组织设置和实现与环境和社会可持续性相关的战略、目标、政策，所有这些都对组织的声誉、市场份额、吸引和留住人才的能力有强有力的影响。

企业社会责任的推动力在很大程度上归因于三重底线，即经济、社会和环境。这三个领域必须完全融入组织的经营模式和战略，以创造组织的长期可持续性。经济可持续性要求将利润再投资于客户市场的增长，跟踪投资对环境和社会的影响。这种做法可以衡量社会和环境底线，可以根据成本来衡量计划的长期效益，决定哪些计划有利于实现组织的可持续性（见图5－2）。

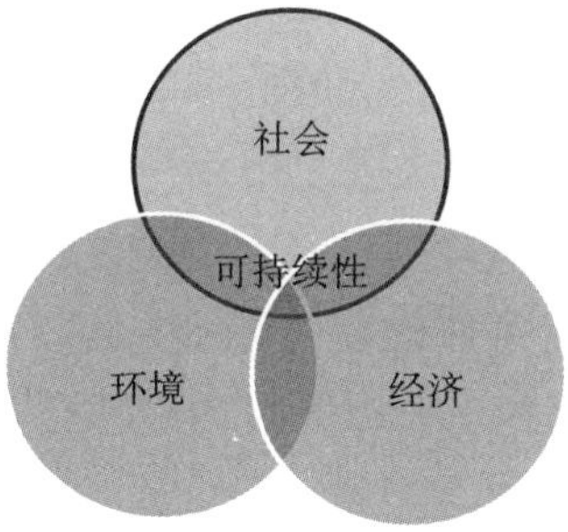

图5－2 经济、社会、环境三重底线和可持续性

企业社会责任是一种必须从上到下进行倡导的哲学。董事会负责 CSR 治理、风险管理和内部控制的有效性，高级管理层确定 CSR 目标、管理风险、衡量绩效、监控和报告 CSR 问题。组织中每个员工都可以为确保企业社会责任目标的实现发挥作用。

一些组织，比如那些对环境没有多大直接影响的组织，对企业社会责任的目标的定义有所不同，使得环境只是企业社会责任的一个元素，并更多地强调其他社会目标，如道德和透明度、捐款、企业/组织治理、人权、人力资源和就业、供应链管理、股东关系、健康和安全以及社区投资。

(1) 企业社会责任利益相关方

CSR流程涉及一些利益相关方，每个利益相关方都有一定的需求，满足利益相关方需求将会有效减少组织的风险。主要的利益相关方包括：

- 员工（及其家属）。员工要求公平的报酬，获取工资；希望得到尊重，避免遭受歧视和骚扰；追求教育和社会福利，须由组织提供一定的支持；同时希望得到安全保障。
- 环境倡导者。要求空气、水、土地保持清洁；资源的回收和再利用，减少浪费；尊重生态系统和生物等。
- 邻里社区。包括慈善事业、能力建设、社会福利、经济机会等。
- 股东。极为重视组织的透明和诚信、可持续发展、组织声誉和法律合规性，要求优化回报，重视组织治理，以道德或法律方式追求组织战略。
- 顾客。关注安全、透明、诚信、优化价格等。
- 供应商。要求公平谈判、保持良好合作关系、合同合法合规等。

(2) 企业社会责任风险

风险管理评估结果将有助于识别一系列风险，其中一些可以使用企业社会责任项目加以管理，另一些将由企业社会责任项目本身引发。

①战略风险。如果没有充分的战略决策过程，过程失效，可能导致批准的项目实施结果不佳，降低未来企业社会责任计划或项目获得批准的可能性。

②声誉风险。如果组织未能满足其利益相关方的需求，则可能对声誉造成负面影响。良好的声誉需要多年的努力去建立，但也可能毁于一旦。声誉风险对组织的损害是难以衡量的，许多组织因为声誉问题失去了市场份额或投资者信心，甚至由于声誉不佳遭受抵制等。CSR计划本身也有风险。CSR计划往往包含发布自愿报告，报告可以用来吸引新投资者并宣传组织，也可以被用来对组织进行攻击。CSR计划也可能无法制定或正常运行，或者发生控制问题。可以通过内部审计人员客观评估报告信息，确认企业社会责任的效率和有效性。

③合规风险。在企业社会责任项目范围内有许多法律法规。正因为如此，由于疏忽（这并非是个允许的借口）或蓄意行为可能造成违约风险。在多个国家运营的组织将面临更高层次的合规风险。

④责任风险。责任风险是指组织没有提供足够的控制来解决风险或者由于控制缺陷或故障发生风险事件。通常，如果组织能证明它存在适当的控制，它就可以限制损失，即使出现了控制故障。例如，有员工起诉性骚扰，但组织可以证明它存在相应的程序来约束性骚扰行为，在某些权限范围内该组织可以表明它已经建立了一个敌视性骚扰的氛

围。责任风险也可以作为CSR计划的一部分存在。如果组织的合同业务伙伴遵守CSR的某些标准，就存在不合规和法律责任风险。即使供应商承担了所有责任，也可能造成供应链中断或更严重的情况。这类风险可以由独立的内部审计协助解决。

⑤运营风险。组织的运营可能会产生空气、水或噪声污染，此外可能带来工作场所的危险或给消费者造成意想不到伤害的产品。即使在完全符合国家法律、法规的情况下，尤其是在法律相对宽松，不能或不愿执行其法律法规的国家，组织可能面临这些风险。组织在这些国家的商业行为可以用来宣扬和危害组织的声誉，或者产生直接的责任风险。如果CSR计划想要实现的运营目标不切实际，没有整合到战略或业务流程中，不能解决最高优先级风险，或实施成本超出预期，该计划也可能失败。另外，采用CSR标准的组织尝试在其他国家或地区应用时，可能存在困难。

⑥报告风险。如果组织的企业社会责任计划或实行结果不正确，或者存在不准确的财务、非财务报告，则可能导致其他类型的风险，例如声誉风险、合规风险或责任风险。

⑦人员配备风险。员工和潜在的雇员对他们的工作单位有所期待，比如合理的薪酬、尊重等。如果组织缺乏一个符合行业标准的大型企业社会责任计划，就难以吸引和留住人才。

⑧市场营销风险。市场营销风险与声誉风险密切相关，如果组织不积极实施或宣传企业社会责任计划，就可能出现市场营销风险。这可能包括抵制，或者市场份额输给那些积极参与企业社会责任的组织。

⑨供应链合作伙伴风险。如果没有规定合同义务，供应商、业务合作伙伴和供应链的下游客户（如批发商）可能存在不道德行为（即使是合法的），或者他们可能违反企业社会责任合同条款和条件，组织可能会受到牵连。监测控制可能很困难，尤其对于那些远距离的异地合作关系。

（3）企业社会责任流程

企业社会责任始于董事会和高级管理层确定其优先事项和高级目标。这可能包括识别和优先考虑重大风险。管理层可以采用外部企业社会责任框架（如ISO 26000、全球报告倡议）和/或将这些目标转化为高层次的政策。

一旦框架和政策准备就绪，下一步就是制定详细的目标和实施策略。目标的例子包括减少安全事件、鼓励志愿服务、建设透明文化、减少浪费或碳排放。

一个最佳的做法是组织将企业社会责任原则嵌入到其业务流程，以确保它们发生，如通过使员工自下向上地参与制定使命和愿景声明以反映企业社会责任价值观，这需要在考虑环境和社会影响的情况下对项目或产品设计进行生命周期价值评估，或要求在审批项目之前对企业社会责任风险进行评估和处理。

一旦制定了流程，就必须对照绩效目标或其他基准对它们加以管理和测量，分析结果并提出建议以完成持续改进的循环。例如：可以追踪组织的排放量，并与行业基准或内部目标进行比较。可以使用实验室测试验证和量化产品危害物。员工满意度可以使用自我评估工具进行度量。还可以审查向利益相关方所做的承诺，以确保他们受到尊重。内部审计师在这一过程可能扮演重要角色。

整个企业社会责任开发生命周期中的一个持续的过程是定期与利益相关方进行沟通。这可能包括参与政策制定、分发调查和收集反馈，形成焦点小组或管理投诉流程。

另一个持续进行的活动是内部和外部审计与合规。内部审计师测试内部控制和企业社会责任管理系统。合规人员可能确定组织及其供应链合作伙伴是否符合法律、法规和政策，但内部审计师可能须确定是否有效地实施了这些过程。

企业社会责任过程的最后一个要素是企业社会责任报告。企业社会责任报告可能包括发布危险产品的材料安全数据表，以及做一些其他需要公开的披露和报告，或自愿提供碳排放量等信息。

（4）企业社会责任框架

组织可能希望采用一个企业社会责任的政策和标准框架，而不是自己进行制定。使用框架有很多优势，可以提供常用的词汇表以便更容易在不同的国家采用，特别是使用国际标准。常见的企业社会责任框架包括 ISO 26000、全球报告倡议和社会责任管理体系。

①ISO 26000。在 ISO 26000 中，社会责任被定义为“通过透明和道德行为，组织为其决策和活动给社会和环境带来的影响承担的责任。这些透明和道德行为有助于可持续发展，包括健康和社会福祉，考虑到利益相关方的期望，符合适用法律并与国际行为规范一致，融入整个组织并践行于其各种关系之中。”

ISO 26000“社会责任”提供以下方面的指南：

- 与社会责任相关的术语、定义和概念；
- 社会责任的特点、背景和趋势；
- 与社会责任相关的原则和实务；
- 社会责任的核心问题和主题；
- 在整个组织中每个区域的影响范围，通过政策和实务（如对内部审计师进行内部审计），整合、实施和促进社会责任行为；
- 识别并与利益相关方接洽；
- 社会责任相关信息的沟通、承诺、绩效和其他。

ISO 26000 旨在促进员工对社会责任的共同理解。受到激发和被授权的员工能为项目增加价值并在组织内外提供宝贵的口碑营销。这有助于采用企业社会责任和可持续发展。

②全球报告倡议组织。全球报告倡议组织（GRI）是一个基于网络的组织，致力于产生一个可持续性行为和结果的报告框架。该报告框架不断改进，并在全球范围内被广泛采用。全球报告倡议组织报告可作为一个基准，很容易与来自其他使用了这个框架的

组织报告进行比对。全球报告倡议组织还就如何根据关键绩效指标（KPI）来衡量绩效提供了建议和标准。

③社会责任管理体系。社会责任管理体系（SA8000）是全球第一个可用于第三方认证的社会责任国际标准。它的核心内容是重视劳动者权益。SA8000 被视为最广泛应用的工作场所标准，并且能适用于在任何地区和工业部门的任意规模机构。SA8000 涵盖的领域包括童工、被迫劳工、健康与安全、协会自由与集体谈判、歧视，约束规范、工作时间、补偿和管理体系等。

(5) 企业社会责任报告

企业社会责任报告可以是独立的或是组织年度报告的一部分。选定的企业社会责任信息也可以包含在发布的营销出版物中，如股东会议宣传册、网页、商业广告或新闻发布稿等。监管机构也可能要求特定的文件。

报告企业社会责任是很重要的，因为这些披露信息让潜在的投资者确定组织是否有资格成为一项社会责任投资，使得组织得到这类投资者的青睐。此外，按照之前三重底线的讨论，报告可以提供关于组织是否在长期内是可持续的等方面的信息。然而，组织需要仔细考虑该报告应包括什么和忽略什么，不仅仅是因为这些信息存在责任风险（如被不友好活动分子利用），还因为收集这些信息的潜在收益必须大于生产信息的成本。进行企业社会责任报告的组织也必须认识到，有时需要共享正面消息和负面消息。然而，持续报告正面和负面信息的组织将被认为是更值得信任的。

除了确定报告内容是个挑战，所使用的报告格式和术语也对报告信息的可比性提出了挑战。外部财务报告已经标准化了，所作的陈述相当类似。与外部财务报告不同的是，企业社会责任还没有一个公认的报告格式。ISO 26000 或全球报告倡议组织可以提供这种常见的框架。

企业社会责任报告的另一个问题是报告可能不被认为是值得信赖的，除非它们已经由第三方独立进行证实或受制于其他一些类型的确认过程。内部审计师是一个能够提供这种确认的潜在资源。组织也可以获得符合 ISO 26000 或其他相关的 ISO 标准的认证，这需要组织将报告提交给第三方检测机构进行审查。

(6) 企业社会责任成本

承担社会责任有两个最基本的方面：第一，避免非法和不道德的行为，如种族歧视、性骚扰、环境污染和逃税。作为公司伦理结构的组成部分，上述负面行为都应该避免。第二，其他与社会责任有关的行为产生的成本。公司要花钱支付有利于社会的行为，例如参加社区大扫除活动、捐款及参加其他公益活动等。

管理层不应该把社会责任放在最重要的位置，但是管理层也不能完全忽视它，而是应该在重视社会责任的同时也不忽视其他重要的东西，例如在市场竞争中获得成功。一家兴旺的企业有足够的资源去支持其社会责任目标，而一家失败的公司往往只能为生存而挣扎，只能履行其最基本的商业义务。管理者面临的挑战是争取在满足利益相关方和整个社会的利益之间取得平衡，始终铭记负责任的行为是企业长期发展的基石。

(7) 企业社会责任收益

关心自然环境是社会责任的一项重要内容，公司在配置资源时必须加以考虑。对空气、水和土地造成污染的公司必须考虑到当地居民有呼吸新鲜空气、饮用洁净水的权利，必须出资帮助他们治理污染，否则就要面对政府的惩罚。为了遵守环境保护法，公司每年要花费一定的费用。

关注社会责任最终会提高公司长期生存的机会。仅仅狭隘地关注产品或服务的利润，而不考虑公司行为的后果，可能会削弱公司的长期业绩，最终导致公司被淘汰出局。事实上，社会责任会对公司绩效产生积极影响。研究表明，承担社会责任可以提高企业的财务绩效，并吸引更优秀的应聘者。

环保主义者、消费者以及政府等利益相关群体的行动可能会危及公司的稳定和生存。当管理层考虑关键利益相关方（如所有者、员工、政府、顾客、社区竞争对手及社会活动群体）的利益时，与利益相关群体敌对的可能性就降低了。当一家公司的高层管理者持有的社会责任观与重要的利益相关群体的目标一致时，这个利益相关群体可能会做出回报，影响群体中的成员去支持公司的产品。

(8) 企业社会责任审计

企业社会责任的各种要素可能需要较长时间才能获取充足的审计证据，通常是进行事后审计。

①按 CSR 要素审计。如治理、环境、伦理、社区参与、健康、安全和保障、透明度、工作条件、人权等要素。可以根据业务地址或外部合作伙伴划分具体要素。

②利益相关方审计。评估为每个利益相关方群体（如员工及其家属、客户、环境等）提供价值的有效性（是否满足每个群体的需求）。可以根据业务地址或外部合作伙伴进行细分。

③按共同主题审计。例如，工作场所、市场、社区和环境。工作场所的审计包括选择的雇主、健康和安全，多样性和平等、环境管理实践、培训和发展、道德、治理和人权等问题。社区审计可以包括评估当地经济支持、慈善、能力建设、志愿服务和利益相关方参与等。

④内部控制审计。对风险管理、数据收集测量和 CSR 报告活动开展内部控制审查，对每个部门或组织执行相同的测试，使审计结果有可比性。年底根据审计的所有领域制定企业社会责任总体报告。

⑤风险管理优先级审计。选择在可能性和影响方面被认定为重大 CSR 计划的领域，在董事会和高级管理层的指导下进行。

除上述主题外，还有其他相关主题，如审查组织 CSR 方法和结果的公开披露是否可靠、审查第三方是否符合合规性 CSR 条款、对潜在供应商进行资格预审等。

首席审计官必须评估 CSR 审查团队能力，必要时考虑加入其他专业领域和专业知识。例如，由内部审计师使用管理自我评估流程来审查 CSR 控制情况。内部审计师必须具备良好的推动技能，以解释如何进行自我评估并反馈结果，还需要一定的沟通技巧，解决道德或工作条件等敏感问题。

有些情况下，内部审计师可能会负责 CSR 计划的某些操作，这部分程序可由独立第三方提供审计服务。

CSR 审计也可以作为咨询业务开展，由内部审计师在 CSR 计划的设计阶段提出意见，确保开发适当的控制，并整合到流程中。

5.1.5 企业道德与合规

当环境和社会保障制度以法律、法规和组织政策的形式存在时，合规审计可以有助于评估组织是否符合相关法律规定或政策。具体内容包括遵守法律、法规和内部政策，尽量减少组织对环境的影响以及保护员工、客户和其他利益相关方的健康、安全、权利和隐私。

风险管理战略可以识别环境和社会保障风险，并能在组织的整体风险承受能力范围内针对每个确定的风险采取的适当应对方案。以风险管理为基础的审计可以确保这些领域的关键风险得到充分的管理。组织内存在一些直接或间接地提供环境和社会保障措施的组织程序或功能部门。

组织以不同方式接受价值观和道德规范。历史经验表明，如果只是简单地希望员工“始终以道德要求行事”并依赖定期告诫，这种策略通常不会成功，但如果是从整个组织的顶层开始，用精心设计的方法创建一种组织文化，这种文化将有助于让全体员工致力于核心价值观和道德规范。董事会和管理层必须通过行动来支持企业价值观，以及支持他们在组织决策中塑造的承诺。

(1) 组织道德氛围

IPPF 中指出了道德和价值观对治理的作用，并强调了治理、风险管理和控制之间不可分割的联系。与组织道德氛围相关的风险性质和级别，根据业务类型、内外部压力以及组织和社会文化而异。组织文化可以决定遵循、忽略或修改道德与价值观相关政策的程度。

①营造健康的道德氛围。组织通过以下几种方式来促进道德行为，营造良好的道德氛围：

- 设定诚实和正直的“高层基调”，强化每位员工维持这种价值观的需要；
- 将组织核心价值观和道德规范作为招聘和新员工入职培训的一部分；
- 制定书面道德规范和行为准则，确保其反映当前的商业情况；

- 通过多种通信媒体（如电子邮件、传真、公告板、口头传达等）提供道德信息；
- 与员工开展道德面谈；
- 设计员工、利益相关方道德态度的调查，并进行管理；
- 设计和提供道德培训；
- 支持开放式沟通；
- 促进全员参与；
- 重视多元化和制度公正公平；
- 提供举报热线；
- 促进合规支持的文化。

价值观、道德规范和行为准则是组织的基本组成部分，需要成为一种有效的信念，由组织中的每个人在实践中理解和运用。最佳做法是通过员工参与来制定价值观、道德政策和行为准则，从而让员工产生支持，然后明确并反复沟通，以便员工都能理解和接受这些信息。

②管理员工行为准则。行为准则并非旨在拥有法律效力，而是就组织道德合规问题的立场提供积极声明。具体的行为准则根据组织的不同而有所差别，大体上包括：

- 利益冲突；
- 保密；
- 公平交易；
- 恰当使用组织资产；
- 礼品和酬金；
- 遵守法律、法规及监管制度；
- 报告违法或不道德行为。

对员工执行组织的行为准则进行有效管理，需要采取一定的管理措施。以利益冲突为例，有效的管理包括：

- 对利益冲突进行定义；
- 解决组织员工、其他公司业务代理人员和供应商的预期行为存在的问题；
- 反映组织完整性，体现组织声誉的活动、投资或其他利益，需要有相关规定，并按规定执行。

③对道德违规行为的处理。部分直接或间接促进不诚实、不道德行为的因素，产生了道德违规：

- 强调结果，尤其关注短期结果；
- 过度关注底线，如销售收入和利润的最低指标；
- 高压销售策略；
- 无情的谈判；
- 与财务和非财务信息报告相关的奖励。

管理层负责调查涉嫌违反道德、合规或商业惯例的行为，提出解决不当行为的措施和处分，这些处理方式应该是公平一致的。许多公司设有一名首席道德官，当发现违规行为，无论违规人员级别的高低，都应对其进行调查。例如，高级管理人员和邮件收发室职员犯了同样的违法行为，应该对他们有相同的处罚。

对道德违规行为的处理取决于行为的性质和严重程度。处置方案可能包括：

- 采用内部渐进式纪律程序，从第一次的口头咨询或缓刑，升级为更正式的警告，也可能因为重复犯罪或严重的首次违规而终止；
- 向适当的外部监管机构报告违反行为；
- 向法律当局报告非法行为，如盗窃、在工作场所实施暴力等。

组织应该适当记录违规行为，根据需要保留相关记录。当然，组织的总体目标是制定流程和政策，鼓励全体员工以符合道德规范的方式行事。

(2) 组织合规性

开放的合规和职业道德团体（OCEG）是致力于治理、风险和控制标准的非营利组织，其对合规性的阐述为：遵守法律法规的指定要求、合同义务和组织内部政策要求产生的行为，以及证明得到遵守的能力。

组织的合规性审计通常由合规专业人员进行，同时，内部审计人员也可以在他们的专业领域开展合规性审计。大型组织尤其是受到严格外部监管的组织，通常有一名首席合规官。

合规框架主要包括 ISO 19600 “合规管理系统—指南”、美国联邦组织量刑指南。对合规性进行评价，首先要获得合规专业人员及其使用的合规框架，了解框架系统的角色和职责等基本信息，然后确定他们使用这些工具和技术的程度。

①ISO 19600 “合规管理系统—指南”。ISO 19600 标准提供了建立、开发、实施、评估、维护和改进合规管理方面的指导，可以和 ISO 9001 等其他管理标准相结合，ISO 19600不针对特定风险领域，而是通过 PDCA 循环的方法，提高合规性计划的全面性。PDCA 循环是美国质量管理专家休哈特博士首先提出的，由戴明采纳、宣传并获得普及，所以又被称为“戴明环”。PDCA 是英语单词 Plan（计划）、Do（执行）、Check（检查）和 Act（处理）的第一个字母（见图5－3）。

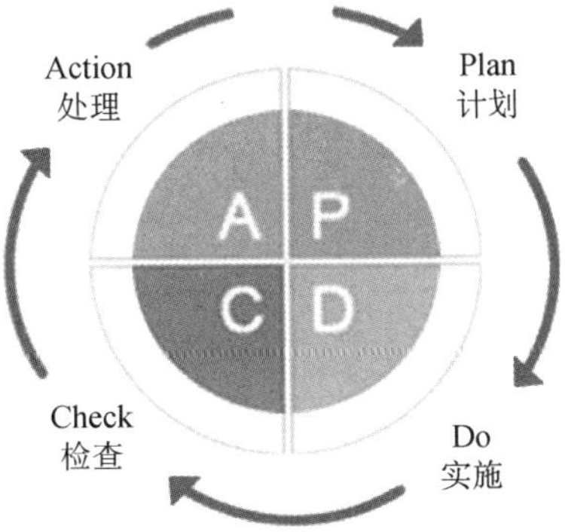

图5－3　PDCA 循环

Plan（计划）：包括方针和目标的确定，以及活动规划的制定。

Do（执行）：根据已知的信息，设计具体的方法、方案和计划布局；再根据设计和布局，进行具体运作，实现计划中的内容。

Check（检查）：总结执行计划的结果，分清哪些对了，哪些错了，明确效果，找出问题。

Act（处理）：对总结检查的结果进行处理，对成功的经验加以肯定，并予以标准化；对于失败的教训也要总结，引起重视。对于没有解决的问题，应提交给下一个PDCA循环中去解决。

以上四个过程不是运行一次就结束，而是周而复始地进行，一个循环结束了，解决一些问题，未解决的问题进入下一个循环，就这样阶梯式上升。

在ISO 19600的合规性计划中，PDCA循环涉及的内容包括：

- Plan（计划）涉及确定问题、明确利益相关方、建立良好的治理原则、设定范围、制定合规性政策、明确合规义务和风险；
- Do（执行）涉及建立领导和支持性职能，对运营计划和合规风险进行控制，报告合规性和绩效；
- Check（检查）涉及运用独立的合规性审查功能，确定不合规区域；
- Act（处理）涉及对行为的持续改进。

②美国联邦组织量刑指南。该指南包括七项原则，旨在对行为进行指导，以明确问责制和道德行为，同时也对合规培训和提升领导力起到一定的促进作用。

- 合理的标准和程序，有助于合理减少犯罪机会；
- 高级管理人员对此类标准和程序的遵守情况进行监督；
- 当组织知道或应该知道个人有从事非法活动的倾向时，适当并谨慎授予重要的自由裁量权；
- 与各层级员工开展有效沟通；
- 支持合规措施的实行，包括监控、审计、报告可疑错误的系统等，无须担心被报复；
- 始终坚持执行合规标准、纪律机制；
- 采取适当措施对发现的违法违规行为作出回应，并防止进一步的类似行为。

(3) 环境程序或部门

由于法律法规因国家而异，组织必须遵守其运作国家的环境和社会法律及要求。通常组织会采用一套更严格的指导原则或政策，并要求使用更严格的国家法律、法规或组织的指南。

①环境标准。组织可以自愿采用国际标准作为他们的环境政策，如采用ISO 14000环境管理系列标准、ISO 14001：2015“环境管理系统”。遵循环境标准的要求可以提供以下好处：

- 帮助组织衡量、记录环境影响；
- 证明合规性，增加潜在投资者；
- 降低废物管理成本；
- 减少运营中的能源和材料消耗；
- 降低分销成本；
- 提升企业在监管部门、客户和公众中的形象。

负责制定和执行与环境和社会保障相关法律法规的机构主要包括美国环保局（EPA）、美国职业安全与健康管理局（OSHA），还有其他许多机构。

②环境健康和安全。环境健康和安全部门（EHS）通常作为组织或政府内某个部门或团体的名称，但它也可以指通过组织政策授权的一组指南。例如：世界银行集团的环境、健康和安全指南包含在以下方面的具体指南：

- 环境，包括空气和水的排放和质量、废物管理、有害物品管理和被污染的土地等类别；
- 职业健康和安全，包括设施设计、识别多个领域的危害和个人防护设备；
- 社区健康和安全，包括水质、结构、消防、交通、运输安全，疾病预防和应急准备；
- 建设和退役，包括环境、职业和社区设施的生命周期的健康和安全标准；
- 具体行业部门的指南，帮助制定每个项目以解决环境评估中确定的危害和风险。

通常采用环境、健康和安全指南的组织要求所有组织部门在进行正常运营或开始新项目时强制采用。比如，可持续发展要求组织的采购政策应该考虑产品的整个生命周期，包括处置（如回收或处理危险废物）。

首席审计官应当在所有全面的组织风险管理评价中对环境、健康和安全风险进行评估，并与组织经营过程中的其他类型风险联系起来进行评估。应当评估的风险暴露有：组织的报告结构，造成环境危害的可能性，罚款、处罚，环境保护机构或其他政府部门授权的支出，伤亡记录，客户损失记录，负面公众影响，公众形象和名誉损失。环境、健康、安全审计方案可以：

- 侧重遵循性（即核实是否遵守法律、法规以及单位内部的相关政策、程序和业绩目标）；
- 侧重管理体制（即对管理体制作出评价以确保符合法律及内部要求，同时降低风险）；
- 以上两种方式的结合。

由于大部分环境审计职能向机构的环境部门报告，而不是首席审计官。如果发现环境、健康、安全风险的管理大部分依赖于环境审计职能，首席审计官需要考虑组织结构以及它对经营和报告机制的影响。如果发现暴露的风险未得到充分控制，剩余风险仍然存在，则应改变内部审计部门的业务计划并做进一步调查。

③环境监控与报告。环境监测和报告部门负责监控活动的环境影响，如空气和水的

排放，包括温室气体排放。环境监测和报告小组的输出信息通常包含在组织的企业社会责任报告中或作为综合报告的一部分，与组织的财务报表一起发布。首席审计官应该建立同环境主管官员的密切工作关系，就环境审计计划开展合作。在环境审计职能不对首席审计官报告的情况下，首席审计官应当对审计计划和审计项目的实施进行检查。如果环境审计职能在机构设置上独立于内部审计部门，首席审计官应当定期安排质量保证检查，以确定环境风险是否被充分揭示。

(4) 业务程序或部门

从业务面来说，供应链管理、设备管理以及人力资源管理都能在环境和社会保障合规方面为组织带来帮助。

①供应链管理。供应链管理部门是一个跨部门甚至是跨组织的职能部门，致力于提高设计、采购、生产、交付产品和服务的效率和效果。通常情况下，组织可以通过供应链管理使他们的经济和环境/社会利益互补，比如努力设计更轻的、包装更少的，或者在当地进行生产和出售的产品。这些举措通常被称为面向环境的产品设计或面向供应链的产品设计，反映了从整体拥有成本的角度考虑产品的整个生命周期及其生产方法和地点。将环境和社会保障设计融入产品或服务可以更好地保护环境，并提升工人和消费者的健康和安全程度，同时降低生产和运输成本或提升质量。还有一个额外的好处是可以降低诉讼风险和声誉损害。例如，现在许多汽车公司在世界各地的每个主要销售区域都有工厂。每个工厂只组装该地区的车辆，从而降低运输成本，同时为所在地提供了工作机会，增加了社会效益。如果组织在不严格执行或未执行劳动法律法规的国家做生意，那么，确保外包的海外业务流程未使用童工并符合其他公认的国际劳工实务是至关重要的社会保障。组织的供应链合作伙伴（以及对方的合作伙伴）如果违反了环境或社会保障要求，那么，即使组织没有这些合作伙伴的所有权，也可能损害组织的声誉。安排环境或社会保障方面的激励措施或在合同中要求特定的环境或社会保障义务是一种重要形式。内部审计师也可以参与评估这些激励措施和合同协议的有效性。

②设备管理。设备管理部门是负责组织的建筑、工厂和地面的组织团体。设施管理可以帮助组织做出明智的、有关设施的长期决策，如通过投资更好的隔热措施，或更高效和可靠的供暖、制冷和照明设备。建筑设计也可以促进美学，创造美丽的户外空间，造福大众。这些举措能够提供经济、环境和社会优势，从长远来看降低了能源成本和维护成本，从而降低了总成本。例如，沃尔玛在使用太阳能电池板和其他可再生能源电池方面已经成为领导者，因为它降低长期成本，有利于保持低价格，同时减少组织对环境的影响。他们的目标是由100%可再生能源提供能量。目前，他们已经与第三方可再生能源提供商达成了直接能源采购协议。

③人力资源管理。在社会保障方面，人力资源法律、法规以及相关的组织政策包括众多的保护行为，例如，平等机会就业、防止骚扰、公平的工资和补偿以及一个安全、健康的工作环境。在美国，对人力资源法律法规的遵从性是由多个联邦和州政府机构强

制执行，个人也可提起诉讼。内部审计师可以参与评估，审查人力资源合规流程的有效性。

(5) 隐私管理

隐私管理往往是组织风险管理的一部分，并且它的最终责任取决于董事会和高级管理层。有效的隐私保护实践有助于良好的治理和责任，管理层有责任建立必要的隐私制度并实施监督的措施。内部审计师在隐私审计管理方面可能发挥更直接的作用。

①隐私的定义。隐私的定义根据组织所在国家的文化、政治环境和法律制度而存在广泛差异。相关的风险隐私信息包括个人隐私（生理的和心理的）、空间隐私（不受监视）、沟通隐私（不受监管）、信息保密（他人收集、使用和公布个人信息）。

个人信息通常是指与某个特定个人有关的信息，或结合他人与某个特定个人相关的信息而具备辨别特征的信息。个人信息包括任何实际的或主观推断的信息，不论其是否记载或以任何媒介形式被记载。个人信息可能包括：

- 姓名、地址、身份号码、家庭关系；
- 员工档案、评价、意见、社会身份或违纪处分；
- 信用记录、收入、经济地位；
- 健康状况、医疗记录。

未能采取适当的控制措施来保护隐私和个人信息，可能会给组织带来重大影响。基于 Web 的服务、信息技术系统、数据库、应用程序、与外部服务提供商和第三方进行网络连接，都可能存在隐私漏洞。

②法律与指导。世界各地有许多与隐私相关的法律法规、政策和实务。美国主要的隐私立法法规包括：1999 年金融现代化法案、健康保险流通与责任法案（HIPAA）、信息自由法案（FOIA）、1998 年儿童在线隐私保护法（COPPA）。欧盟于 2018 年 5 月发布的全球数据保护条例（GDPR），包含了各项权利：了解组织隐私政策、访问个人数据、纠正数据错误、请求删除个人信息、请求移植个人信息副本、反对或退出未来数据收集等。

经济合作与发展组织（OECD）的“保护隐私和个人资料的跨界流动的指导方针”包括八个核心原则：

- 收集限制：建议限制对个人数据的收集量。提倡数据应当以合法公平的方式获得，并在适当的情况下，取得当事人的了解和赞同。
- 数据质量：建议个人数据应当与其使用目的相关。提倡数据应当准确、完整和与时俱进。
- 规范目的：提倡应当在收集资料之前列出收集个人资料的目的，建议后续的使用限于满足这些目的或其他兼容的目的。
- 使用限制：主张个人资料的披露（指定目的除外）必须取得当事人的同意和法律的批准。

• 安全保障：促进个人资料的合理保障，减少风险（如丢失或未经授权访问、破坏、使用、修改或曝光）。

• 开放：提倡对于个人资料应当有一个关于发展、实践和政策的开放的总方针。

• 个人参与：提倡资料主体可以以收费方式方便合理地查阅个人资料，提倡数据主体可以对个人资料进行质疑，如果质疑成功，要对数据进行删除、调整、完善和改进。

• 问责制。

③隐私的审计。内部审计部门可以通过评估管理层对与隐私目标相关风险识别的适当性，以及把这些风险降低到可接受水平的控制建立的适当性，帮助组织实现良好的治理和风险管理。内部审计师在组织中处于良好位置，能够评估隐私制度、识别重大风险并提出降低风险的适当建议。

在指导组织的隐私制度管理的评估过程中，内部审计师应该：

• 考虑组织所在管辖范围内的相关法律、法规和政策；

• 与内部法律顾问联系，确定适用于组织和所在国家的法律、法规和其他标准及实务的确切性质；

• 与信息技术专家联系，确定是否建立了信息安全和数据保护控制，并对其适当性进行定期检查和评估。

考虑组织的隐私工作的水平或完备程度。根据情况，内部审计师可以起到不同作用。内部审计师可以推动隐私方案的制订和实施，评价管理层的隐私风险评估，确定组织的需要和风险暴露情况，或为组织的隐私政策、实务和控制的效果提供确认。如果内部审计师承担了任何制订和实施隐私方案的责任，则内部审计师的独立性将受到损害。

保护个人隐私的适当控制的失败会给组织带来严重后果。这种失败可能损害个人和/或组织的信誉，使组织面临承担法律责任在内的风险和破坏消费者和/或员工信任的风险，所以必须明智地处理隐私问题。

内部审计师评估隐私工作时通常可以利用“能力成熟模型（CMM）”来进行，确认所在组织收集个人信息或隐私的类型及适当性、收集方法；确认组织使用这些信息是否符合计划用途，是否遵守法律规定，是否在一定范围内收集、持有和使用信息。由于隐私具有高度技术性和法律性，在评估组织（尤其是全球组织）的隐私框架时，可能需要有保护第三方专家的服务。

5.1.6 内部审计在治理中的作用

内部审计既是管理控制的组成部分，也是评价其他管理控制的手段。其基本目的是帮助组织完成其目标，为此要揭露相关的风险，并提出改进建议。IIA 对内部审计在公司治理中的作用作出了最好的总结：“内部审计人员的作用包括监控、评价和分析组织的风险与控制，以及检查和确认对政策、程序和法律的遵循性，内部审计人员与管理层像伙伴一样一起工作，为董事会、审计委员会和高级管理层确认风险得到控制以及组织的公司治理是强有力和有效的。并且，当组织中有任何改进空间时，内部审计人员就会提出改善过程、政策和程序的建议。”

在IIA发布的IPPF中明确了内部审计在治理中的作用，执行指南中指出：“内部审计师在评估并致力于治理的改进方面可以发挥多种作用。一般来说，内部审计师要对组织治理过程设计和运行的有效性提供独立、客观的评估；还可以提供咨询服务，为改进治理过程的方式提出建议。在某些情况下，可以要求内部审计师协助董事会开展治理实务自我评估。”

(1) 强化风险管理

风险管理是管理层的一项主要职责，是公司治理的核心工作，而对公司的风险管理过程进行评估和报告通常是内部审计工作的一项重要内容。在适当情况下，内部审计师应与管理层、审计委员会和董事会就与风险和风险管理实务中的薄弱环节进行讨论。如果首席审计官认为高级管理层接受的风险水平与机构的风险管理战略和政策不一致，或该水平不能被机构接受，首席审计官应就此问题与高级管理层进行讨论。若讨论仍然解决不了这些问题，首席审计官和高级管理层应将此事报告董事会解决。管理层负责对重大风险采取针对性行动，首席审计官负责评价这些活动。若高级管理层出于某些原因不采取纠正行动并承担后果，首席审计官应向董事会报告这些情况。

内部审计在风险管理中的职责是运用风险评估方法和控制措施，对风险管理过程中的充分性和有效性进行检查和评价，提出改进意见，为管理层和审计委员会提供帮助，具体职责如下：

- 评价被审计领域的现有风险，并向管理层、审计委员会或同时向二者报告评估结果；
- 制订系统评价整个组织风险的计划；
- 当组织出现真空时领导风险管理活动；
- 利用风险自我评估技术推进风险评价；
- 评价与计算机最新发展状况相联系的风险，如果风险没有被控制在预先设定的可接受水平上就终止该项目；
- 协助管理层推行贯穿整个组织的风险模型。

企业一般通过日常监督和单独评价来监控企业风险管理及内部控制的有效性，包括有计划的定期检查、基于经营或日常监督过程中产生的例外事项的后续检查。内部审计人员在评估企业风险管理的有效性以及提出改进建议方面承担重要角色。内部审计帮助管理层和审计委员会监督、检查、评估、报告、建议风险管理过程的充分性和有效性，在企业风险管理和内部控制中发挥着重要的作用。需要注意的是，内部审计章程规定，内部审计师可以积极协助组织进行风险管理过程的初步建立工作，但更为积极的作用是通过改善组织基本程序的咨询工作对传统确认业务进行补充，但这些协调工作不能超出正常的确认和咨询范围，以免损害独立性。也就是说，内部审计师可以促进、协助风险管理过程的建立，但不负风险管理的责任。

风险管理责任应当适当地记载在该组织的战略规划、董事会政策、管理层指导方针、操作流程和其他治理工具中。风险管理责任具体来说，董事会应当负责制定战略目标；风险的所有权应当赋予高级管理层；执行管理层应接纳剩余风险；运营层应当负责持续的识别、评估、减轻和监督活动；内部审计机构应当定期评价并协助其他部门进行风险管理。

(2) 提供控制确认

公司治理需要内部审计机构在风险评估的基础上，对覆盖公司治理、运营及信息系统等内容的控制程序的有效性和充分性进行评估确认，内部审计人员的职责主要是保证控制措施处于正确的位置以及在关键位置建立有效的控制点，并将评价结果向相关人员进行报告。具体作用表述如下：

- 在职能范围内测试控制的遵循性，向管理层报告结果，若结果很重要，还应向审计委员会报告；
- 协助管理层设计综合的评价方法，包括测试整个组织的控制；
- 协助管理层编制关于内部控制有效性的报告；
- 识别重大的控制缺陷，包括高层基调的要素，并（就检查领域）向审计委员会报告；
- 推行计算机测试技术，例如，持续控制监控技术，以便监控控制的有效性；
- 通过控制自我评估（CSA）技术帮助理解和发展职责领域的控制。

(3) 评价遵循工作

内部审计要检查和确认信息与对政策、程序和法律的遵循。内部审计部门对经营者各项责任的履行情况、是否按照规定从事生产经营活动、有无违法乱纪行为以及会计报表是否真实进行评价和鉴证。同时，通过日常监督，发现问题纠正问题，从而督促企业各级管理人员及员工遵纪守法，严格执行各项制度规定。

①评估法律、法规和合同的遵守情况。内部审计机构要评估法律、法规和合同的遵守情况，包括特定领域的政策。评估时，内部审计机构关注的重点是：组织内是否建立了监督遵守相关政策的控制系统；这些控制是否充分、有效；相关的业务活动是否遵守了那些政策，效果如何。

②监督遵守公司行为准则和商业惯例的情况。公司行为准则是由组织制定的、旨在规范员工行为、防止过失违法违纪的正式和书面的规章制度。行为准则强化了在经营决策中的道德的要求。商业惯例是在商业活动中形成的被广泛接受的通用做法，一般是非正式的，但一旦违反，会给组织带来不利影响。公司行为准则和商业惯例对组织目标的实现都有影响，内部审计师有责任评价遵守公司行为准则和商业惯例的执行情况和执行

效果，以改进组织的控制系统。在监督遵守公司行为准则和商业惯例的情况时，内部审计师应从评估组织相关行为准则和商业惯例是否存在、相关的控制和保证系统是否建立、是否充分和恰当、系统的执行效果如何等方面进行。具体应确定以下内容：

第一，组织是否建立了关于行为准则和商业惯例的道德规范，这些道德规范应该是书面的、易于人们理解的和具有指导性的，机构不同层次的人的执行标准应有所不同。组织内所有员工和其他有关代理人应都有机会了解接触上述行为准则，如通过参加培训、发放手册、公告等方式。

第二，组织应在多种场合将道德规范向各层次的员工进行讲解，并针对不同部门的员工强调不同的重点。

第三，组织的代理要参加为他们量身定做的讲座，新员工要进行专门培训。

第四，组织应保证员工已经阅读、理解并遵守了公司的行为准则和商业惯例。

第五，组织应采取合理措施促进行为准则和商业惯例的遵守，如：应用监督和审计机制用以发现不遵守情况，建立举报热线，设立相关奖惩制度等。

第六，组织高层的人员应总体负责监督对行为准则和商业惯例的遵守情况。

第七，公司行为准则和商业惯例是否得到确实遵守。

③评估组织向董事会报告的机制。董事会的一大任务是建立并维护组织的治理程序，并获取关于风险管理和控制过程有效性的保证。高级管理层的作用是监督风险管理和控制系统的建立、管理和评价。内部审计机构的责任是对相关的报告机制进行检查和评估。报告机制是否完善和有效影响到公司治理和管理的效果。内部审计机构对报告机制进行评估的主要内容包括：

第一，是否建立了相关报告机制，良好的报告机制应该是清晰而明确的书面政策。

第二，报告机制是否充分而有效，能否满足组织与董事会进行及时、畅通而充分沟通的需要。

第三，机制的运转情况和效果如何，实际的报告工作是否如机制确定的政策进行。

内部审计师在评估相关的报告机制后，应将评估的结果报告提交董事会，报告应包括现行机制的运作效果和改进意见。首席审计官应按规定开展跟踪检查，以监督、保证管理行为能得到有效落实，或高级管理层已接受了不采取行动所带来的风险。

④评估业绩测评系统。内部审计机构一方面要对业绩测评系统本身进行评估，另一方面要通过检查和评估工作，得出组织整体目标是否得到实现的审计结论。内部审计机构对业绩测评系统的评估要包括以下内容：

第一，是否建立了业绩测评系统，如果没有，内部审计师应该建议建立，或与审计客户协商寻求双方都可接受的测评标准。

第二，业绩测评系统是否充分和可以接受，内部审计师应对系统的科学性、合理性和可操作性进行评估，如果测评的标准模糊，内部审计师应寻求权威性的解释。

第三，业绩测评系统是否有效运行。根据对业绩测评系统的评估，内部审计师可以得出业绩测评系统是否可以接受的结论。

内部审计师通过将审计发现的事实情况与组织所指定的整体目标相比较，来评估目标的实现情况，若存在差异，还应分析存在差异的原因。

（4）提供价值确认

《标准》第2110条规定内部审计活动需要发挥对企业价值的促进作用。日常的风险和控制评估范围通常不评估企业价值。相反，自我评估方法与合适的审计程序通常用来衡量对企业价值观的理解和维护。

①自我评估方法。通过进行自我评估练习，使用调查和问卷来评估以下内容：

- 员工对企业价值观的理解程度；
- 个人目标和企业价值观的一致程度；
- 员工是否认为在工作中坚持了企业价值观，或工作要求是否让他们妥协；
- 员工是否将其他人（如高级经理、运营经理和其他员工）看作实践企业价值观的范例。

管理自我评估的一个要点是使用代表性的员工样本（在董事会和高级管理人员范围之外）来确定“高层基调”和价值观是否得到积极实践，而不是陈词滥调。一种新兴做法是使用自我评估方法来确定企业价值观在合资企业、联盟和外包业务伙伴的实践情况，以及在潜在的兼并和收购业务中的反映程度。内部审计活动可以协助在相关合同协议中包含与核心价值相关的适当语言，并对合作伙伴的合规性开展审计。

②审计计划。IPPF描述了如何创建审计计划，以确保理解和维护企业价值观。例如，为了评估“我们尊重所有员工个人，在内部和外部寻求人力资源，重视和促进组织的多元化。”这一价值观的阐述，审计计划可能会重点关注人力资源实践和组织的其他相关行为。

（5）提供咨询服务

在已知控制问题或治理过程不完善的情况下，首席审计官应当考虑通过咨询服务来替代正式的评估，以此改进控制或治理过程。咨询职能充分体现内部审计的能动性及增值目标，并且将事后的反馈扩展到内部控制建立前以及实施时的协助与促进，帮助管理层对现代内部控制进行持续改进与完善。通过咨询服务，内部审计可以从改善风险管理和控制流程中，向董事会提供关于风险管理和内部控制制度运行情况的分析和确认，进一步帮助管理层和董事会改善其他控制程序，影响受托责任环境，确保受托责任的有效履行，帮助增加组织价值。

2210.C2——咨询业务的目标必须与组织的价值、战略及目标保持一致。

需要注意的是，内部审计不得接受任何不利于组织价值观推行的咨询任务。内部审计活动的重点是帮助组织实现目标和价值，可以协助确定：对企业价值观进行的明确沟通、员工和其他利益相关方的理解、是否将企业价值融入正常活动以及重要决策、是否从上到下进行实践、由组织的系统和结构来支持和加强企业价值。

（6）报告主要工作

内部审计师必须及时报告业务结果。报告内容必须包括业务目标、范围和结果。报告必须准确、客观、清晰、简洁、富有建设性、完整和及时。

①沟通审计业务计划。首席审计官负责与高级管理层和董事会的沟通工作，沟通审计业务计划包括：

第一，内部审计机构的工作业务计划应报高级管理层审批，并报董事会备案，报告中应包括充分的信息，以便他们能够确定内部审计机构的目标和计划能否有助于实现组织的目标和计划。

第二，审计业务计划在中期发生重要变化时，亦应及时沟通。

第三，在执行审计业务计划的过程中，如果内部审计资源不足和审计范围受到限制，首席审计官应及时向高级管理层和董事会报告，报告内容包括资源不足和范围限制可能带来的后果。

②定期报告工作。首席审计官向董事会与高级管理层报告与计划有关的内部审计活动的目的、权力、责任与工作业绩，此外还应报告重要的风险暴露与控制问题、公司治理问题以及委员会和高级管理层需要或要求知晓的其他事项。工作报告的具体内容包括：重要的审计发现和建议，审计工作计划、人员计划和财务预算在执行中出现的重要偏差及其原因等。报告至少每年进行一次，这是定期工作。

③报告重大审计事项。当出现重大审计事项时，首席审计官应向董事会及时报告，重大审计事项是指那些根据首席审计官的判断，可能对组织产生不利影响的情况，包括处理违章、违法、差错、低效率、浪费、无效、利益冲突和控制系统的薄弱环节。首席审计官在向董事会报告重大审计事项前，应与高级管理层进行讨论，即便讨论取得了令人满意的结果，首席审计官也应报告。首席审计官还应将高级管理层对重大审计事项所做的决定通知董事会。在报告重大审计事项后，若高级管理层和董事会决定不采取任何行动并承担由此产生的风险，则首席审计执行官不再负有报告责任。此外，若组织、董事会、高级管理层或其他方面有变动时，首席审计官最好将原先报告的事项再次向董事会报告。

④报告控制框架的有效性。内部审计机构应在风险评估的基础上，评价公司治理、运营及信息系统等内容的控制程序的充分性和有效性，并将评价结果向高级管理层和审计委员会报告。在报告控制框架的有效性时应注意以下三个方面。

第一，评价目标。控制系统的充分性，即控制系统能否适当保证机构的任务和目标有效地完成。控制系统的有效性，即是否能取得预期的效果，是否达到了预期的控制目标。预期的控制目标包括财务和运营信息可靠完整；运营工作高成效；资产得到保护；机构遵守了相关的法律、规定和合同。

第二，评价标准。如果组织制定的标准适用，应予采用。如果组织没有制定标准或者不适用，应向管理层报告，建议采用行业标准、专业组织标准、协会标准、法律和政府标准。如果管理目标和标准模糊，应寻求权威性解释，控制框架的标准应与审计业务客户达成一致意见。

第三，评价程序。制订审计计划时，应将控制过程列入检查和评价范围，开展审计工作，收集充分证据，总体评价组织内部各种控制系统和所有的活动。在总体评价之后，审计师应考虑：是否发现了漏洞或薄弱环节；发现之后是否进行了改进；是否可能存在组织无法接受的普遍风险。

（7）促进文化建设

治理过程是否有效在很大程度上取决于企业的文化，良好的企业文化对完善治理有着积极的效果。具体评估时的考虑因素如下：

①评估董事会的道德氛围。董事会是组织治理的焦点。董事会虽然没有承担直接管理职责，但它为组织建立全局视角，监督所有治理活动，对所有组织事项和绩效负有最终责任。如果董事会违反了道德规范和行为准则，利益相关方对董事会缺乏信任，那么治理的有效性就会大大降低。内部审计机构一方面因其地位独立、客观公正，有良好的道德操守和执业技能，有能力提请高级管理层、管理人员和员工遵守法律、道德规范和社会责任，在公司的道德文化建设中发挥积极作用。另一方面也有责任定期评估整个组织，包括董事会的道德氛围。内部审计评估董事会的道德氛围，需要考虑董事会是否倡导并建立道德文化、道德文化是否有清晰的道德规范和符合实际、董事会执行道德文化情况及效果如何、是否定期对董事会的道德氛围进行检查和评估等。

a. 董事会的结构、目标和动态。董事会及其委员会是否具备有效的治理结构，确保与管理层的良性互动；董事会成员数量是否达标，成员是否存在利益冲突，成员能力是否足够；董事会会议的时间是否充分，在会上考虑所有重要的问题并公开讨论，会议频率和持续时间是否合适；董事会对绩效的自我评估方式及实际情况；私人执行会议等。董事会可能希望考虑内部审计的参与情况，是否对组织有益并为董事会可接受，对于实现内部审计的独立性和客观性，是否有保障措施。

b. 董事会及其委员会职能。董事会会议的时间安排、议程制定，会前信息传递是否遵守委员会章程；是否对董事会日程进行维护，定期监督相关职责履行情况和绩效；对首席执行官绩效的评估是否包括道德文化指标；是否谨慎对待组织的激励计划，确保不正当的行为得不到回报；董事会成员是否遵守法律和行为准则等。

c. 董事会的政策手册。组织是否制定和维护董事会治理政策，有无相关的政策手册和流程；组织的合规程序是否完善。

d. 保持治理要求意识的过程。组织对治理流程的认识是否到位且持续，包括随着组织不断发展的治理要求、最佳实践和合规性要求。内部审计可以在协助董事会履行治理职责方面发挥积极作用，如通过开发网络和流程、与内部和外部专家、机构协会合作。评估组织是否合规、分析不合规的后果、评价年度报告中与治理相关的披露是否完整。

e. 董事会教育和培训。董事会是否针对组织面临的重大问题，不断更新的技术，以及新兴风险领域有持续教育要求；是否对培训和教育新董事会成员进行规定，为其履行新职责提供准备；与其他组织最佳实践相比，提供的教育是否充分。

内部审计可以协助董事会开展工作，包括开发和提供培训、提供相关的行政支持等。

②评估组织的道德氛围。内部审计机构和内部审计师有责任评估组织的道德氛围，内部审计机构和内部审计师应当定期评价良好的道德文化特征是否有效。

- 有清晰易懂的道德规范及相关的说明、政策和其他道德理想的表述；
- 有加强道德文化的具体措施，经常宣传鼓励良好的道德文化；
- 有保护检举人的举报违反道德规范、政策和其他不当行为嫌疑的制度；
- 有要求雇员、供应商和顾客定期声明遵守组织道德规范的制度；
- 有学习机会，使员工都能成为良好道德文化的倡导者；
- 定期对雇员、供应商和顾客进行调查，以确定组织的道德氛围状况；
- 把背景调查和诚信测试作为招聘员工的一个内容；
- 鼓励每名员工为组织的道德氛围作出贡献，从而创造积极的人事管理实务。

③培养良好的企业文化来防范舞弊。内部审计机构的作用是通过评估相关控制的充分性和有效性来协助防止舞弊，因此，要求内部审计师有足够的舞弊知识，并在工作中保持足够的职业审慎，树立舞弊防范的意识。内部审计师可以利用其自身优势，在倡导良好的道德文化方面发挥更大的作用。

5.2 风险管理与内部审计

2120——风险管理

内部审计活动必须评估风险管理过程的有效性，并对其改善作出贡献。

2120. A1——内部审计部门必须评估下列与组织治理、运营及信息系统有关的风险：

- 组织战略目标的实现；
- 财务和运营信息的可靠性和完整性；
- 运营和程序的效率与效果；
- 资产的安全；
- 对法律、法规、政策、程序及合同的遵循情况。

2120. A2——内部审计部门必须评估发生舞弊的可能性以及所在组织如何管理舞弊风险。

2120. C1——在开展咨询业务时，内部审计师必须关注与业务目标相关的风险，并警惕其他重大风险的存在。

2120. C2——内部审计师必须将开展咨询业务过程中了解到的风险情况运用于评估组织的风险管理过程。

2120. C3——协助管理层建立或改善风险管理过程时，内部审计师必须避免在实际工作中对风险进行管理，从而承担任何管理层的责任。

《标准》第2120条指出："内部审计活动必须评估风险管理过程的有效性，并对其改善作出贡献。"确定风险管理过程是否有效是内部审计师对下列事项进行评估后的判断：

- 组织目标支持组织的使命并与其保持一致；
- 重大风险得到识别和评估；
- 选定适当的风险应对方案，并符合组织的风险偏好；
- 获取相关的风险信息并在组织内部及时沟通，以便于员工、管理层和董事会履行其相关职责。

内部审计活动可以在多项业务实施过程中收集信息以支持上述判断，综合审视这些业务的结果，可以对组织的风险管理过程及其有效性有所了解。风险管理过程通过持续性管理活动、个别评估或两者结合的方式受到监督。作为风险管理的一个重要环节，企业内部审计在内部控制、公司治理及组织运营中的地位日趋突出，已成为关系企业兴衰成败的重要因素。内部审计经过长期的发展，目前已渐渐进入风险导向内部审计阶段，与公司治理和内部控制之间的关系也日趋紧密。

本节将介绍风险的相关概念、风险管理、以风险为导向开展内部审计工作以及内部审计与风险的关系。

5.2.1 风险术语

IIA对"风险"的定义为："可能对目标的实现产生影响的事件发生的不确定性，并指出风险的衡量标准是后果与可能性。"

风险包含两方面的内涵：一是不确定性，也就是某种结果出现的概率；二是后果，即实际结果与期望值的偏离。风险的衡量标准是后果与可能性。在经营管理活动中，风险常常被定义为生产运营的弊端、失误或失败带来组织危机的可能性。

风险事件：在风险评估流程中，风险事件就是那些可能发生的能够阻碍内部控制目标实现的事件。风险事件通常有正面的或负面的影响，也可能同时有正面和负面的影响。

风险敞口：风险敞口是指未加保护的风险。

可接受风险：可接受风险即假设某种风险发生时所产生的影响可以被主体接受的

风险。

审计风险：国际审计准则第25号《重要性和审计风险》将审计风险定义为："审计风险是指审计人员对实质上误报的财务资料可能提供不适当意见的风险。"美国注册会计师协会发布的第47号审计标准说明中提出了审计风险模型：审计风险 = 固有风险 × 控制风险 × 检查风险。可见，审计风险由固有风险、控制风险和检查风险三个要素构成。

固有风险：固有风险是指在管理当局没有采取任何措施来改变风险的可能性或影响的情况下，一个主体所面临的风险。还可以理解为在没有控制或者其他风险管理技术的情况下可能会出现什么问题。

控制风险：控制风险是指由于内部控制的局限性，不能通过内部控制结构、政策或程序及时被预防和发现的风险。

检查风险：审计师不能保证100%的检查或由于审计程序不当而没有发现存在的某些风险。

剩余风险：剩余风险是指管理层采取了有关措施，包括采取应对某项风险的控制活动降低负面事件的影响和可能性之后仍然存在的风险。简单来说，剩余风险是指未被管理的风险或建立控制措施之后仍然存在的所有风险。公式化的表达如下：固有风险 - 风险管理技术 = 剩余风险。

风险偏好：风险偏好即组织对风险的态度，或对风险事件的容忍程度，一般分为风险喜好者、风险中性者、风险厌恶者，主体的风险容量反映了主体的风险管理理念，并且影响着文化与经营风格和资源配置。

风险容忍度：风险容忍度即与实现一项目标相关的可承受的偏离程度。风险容限能够被计量，而且通常最好采用与相关目标相同的单位来进行计量。

风险应对：风险应对即管理当局为控制风险采取的一系列行动，旨在把风险控制在主体的风险容限和风险容量以内。

市场风险：市场风险是市价波动对于企业营运或投资可能产生亏损的风险，如利率、汇率、股价等变动对相关损益的影响。

会计风险：会计风险是会计处理与税务对企业盈亏可能产生的风险，如账务处理的妥适性、合法性、税务咨询及处理是否完备。

5.2.2 风险因素

风险因素是指引起或增加风险事故发生的机会或扩大损失幅度的原因和条件。构成风险因素的条件越多，发生损失的可能性就越大，损失就会越严重。

根据影响损失产生的可能性和程度，风险因素可分为有形风险因素和无形风险因素。根据影响损失产生的来源，风险因素可分为外部风险因素和内部风险因素。

（1）有形风险因素和无形风险因素

有形风险因素是指导致损失发生的物质方面的因素，比如财产所在的地域、建筑结构和用途等。木质结构的房屋要比水泥结构的房屋发生火灾的可能性大；机动车从事营运的要比非营运的发生交通事故的可能性大。

文化、习俗和生活态度等一类非物质形态的因素也会影响损失发生的可能性和受损的程度。无形风险因素包括道德风险因素和行为风险因素两种。

道德风险因素是指人们以不诚实、不良企图、欺诈行为故意促使风险事故发生，或扩大已发生的风险事故所造成的损失的因素。

行为风险因素是指由于人们行为上的粗心大意和漠不关心，易于引发风险事故发生的机会和扩大损失程度的因素。

（2）外部风险因素和内部风险因素

外部风险因素和内部风险因素见表5－1。

表5－1　　外部风险因素和内部风险因素

风险因素		例子	可能的影响
外部	经济	价格走势、资金可用性、通货膨胀、较低的进入障碍	更高或者更低的资本成本、出现新的竞争对手
	环境	天灾人祸（例如，大火、洪水、地震、龙卷风、恐怖主义）	损失财产、获取原材料受到限制、人力资本的损失
	政治	政府官员的更迭、新的政治议程和劳动法、贸易限制、关税、政治不稳定	准许或者限制进入国外市场、更高或者更低的税率
	社会	人口统计改变、社会习俗、工作/生活重点、客户期望或需求	对产品和服务的需求变化、新的购买场所和人力资源问题、生产中断
	法规	法律、法规和/或标准	环境改变、健康和安全的合规要求
	技术	新的电子商务方法、自动化、技术激励	扩大了数据的可用性、降低了基础设施成本、增加了对基于技术的服务的需求
内部	基础设施	增加预算维护和呼叫中心支持的资金分配	减少设备停机时间并提高客户满意度
	人员	工作场所事故、舞弊活动和劳动协议到期	可用人员流失、货币损失、声誉损失、停产
	流程	流程修改没有适当的变更管理协议、流程执行错误、外包服务监督不力	市场份额的丢失、效率低下、客户不满和流失
	技术	安全漏洞、潜在的系统停机时间	舞弊交易、业务运营中断

5.2.3 风险管理

IIA 对“风险管理”的定义为：“识别、评估、管理和控制潜在事件或情况的过程，目的是为实现组织的既定目标提供合理保证。”

风险管理是管理层的一项主要职责，是经营管理过程中的核心内容。对组织来说，存在众多的可能导致损失发生的不确定因素，包括市场的风险、财产损失的风险和竞争力减弱的风险等，风险管理就是采取一定的措施对风险进行检测评估，使风险降低到可以接受的程度，并将其控制在某一可以接受的水平上。从职能上说，风险管理就是在对风险进行观察、评估的基础上控制风险可能造成的损失，保证组织目标的实现。

企业风险管理的首要业务目标是：保护和提高股价，以满足股东价值最大化。在风险管理过程中，管理层可以获取有助于有效评估总体资本需求和提高资本配置的重要风险信息，以帮助管理层实现业绩和盈利目标，并防止资源流失。管理层制定平衡增长和收益目标，并有效地配置资源，以实现企业的目标，规避障碍和意外，在此过程中实现股东价值最大化。

(1) 风险管理框架

根据 IIA 对风险的定义，任何可能引起企业价值减少的因素都可以被定义为企业风险，都属于企业风险管理的范畴。企业想要获得的收益越高，所承担的风险就越大，对风险管理的要求就越高，因此，有必要建立一个综合的经营计量系统来满足对管理层和外部相关者进行适当监督的需要。

①COSO 的企业风险管理框架（简称 COSO ERM）。COSO 是一个由包括 IIA 在内的众多组织组成的联盟。在 COSO ERM（基于考题的滞后性，本书仍以 2004 年版进行说明）中，对风险管理的定义是：“企业风险管理是一个在企业内不断运转的过程，受董事会、管理层和其他人员的影响，从企业战略制定一直贯穿到企业的各项活动中，用于识别那些可能影响企业的潜在事件和管理风险，使之在企业的风险偏好（可接受水平）之内，以合理确保企业既定的目标得以实现。”具体表现为：认真地分析风险因素、有意识地承担风险、科学地管理风险、稳妥地获取风险收益。风险管理是一种持续行为，已贯穿于企业经营活动的全过程，包括事前、事中和事后。其核心是将难以预计的未来可能带来损失的不确定性控制在公司可以接受的合理范围内，力求从中寻找到有利于企业发展的最佳机遇。

风险管理始终是内部审计计划和评估过程的组成内容，是内部审计人员的重要工具，内部审计师要用一个正式的过程来帮助理解风险并尽力将工作集中在高风险领域。

COSO ERM 建立了组织目标和企业风险管理之间的直接联系，它们的关系如图 5－4 所示。在这个矩阵中：

- 垂直的列描绘了四类目标；

- 水平行代表了八个组成部分；
- 第三个维度代表了组织和它的各业务单元。

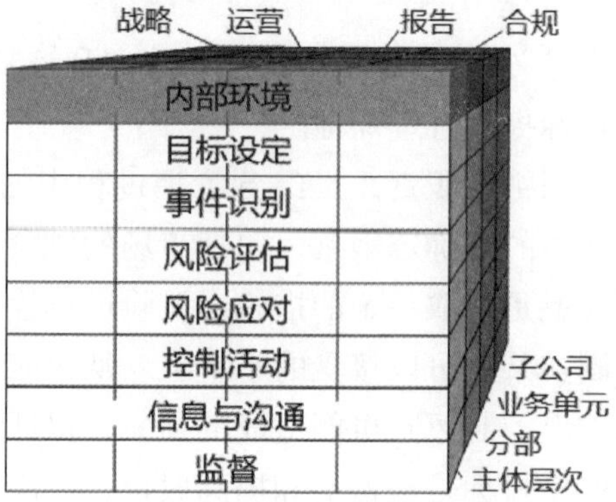

图 5-4　COSO ERM 框架

a. 目标。

战略：与高级的目的相关，支持并配合组织的使命/愿景。

运营：与组织经营的效率与效果相关，包括绩效与获利目标，其因管理层对组织结构绩效的选择而有所不同。

报告：与组织报告的有效性相关，包括对内与对外报告及财务与非财务的信息。

合规：与组织对于相关法律规章的遵循有关。

b. 组成部分。

内部环境：这是控制环境再加上风险管理哲学思想和风险偏好的概念。它形成组织中的人员如何理解风险和控制的基础。

目标设定：这是多多少少包含在控制框架的风险评估组成部分的四个部分中的第一个。对于实践 ERM 的组织，这些要素变得愈发重要，自身足以成为框架的组成部分。

事件识别：一个表述上的区别是风险识别变为事件识别。事件可以是风险，也可以是机会。机会回到了战略或目标设定过程。风险贯穿风险管理流程的其他部分。

风险评估：风险根据其影响和可能性同时在固有和剩余两个基础上进行评估。

风险应对：风险应对包括避免、接受、减少和分担风险。风险应对应当与组织的风险容忍度和风险偏好所决定的剩余风险保持一致。

控制活动：必须设置政策和流程确保风险管理行动被有效执行。

信息与沟通：两者是人们有效执行、管理和控制运营所必需的。

监督：为了组织对于变化能够动态响应，需要持续监控。为了确认这些组成部分设计良好而且运行有效，需要单独评价。

②ISO 31000 全面风险管理。ISO 31000 是一个可以为任何规模和类型的组织所运用的企业风险管理系统框架。随着组织的风险管理活动变得越来越成熟，框架同样也得到了强化。ISO 31000 越来越受欢迎，一部分是因为它是一个国际标准，同时也是因为许

多组织发现它更直观、更容易向管理层和董事会进行说明。ISO 31000 作为一个基准，帮助组织将自己的风险管理实务与其他采用了 ISO 31000 的组织的风险管理实务进行比较（见图 5－5）。

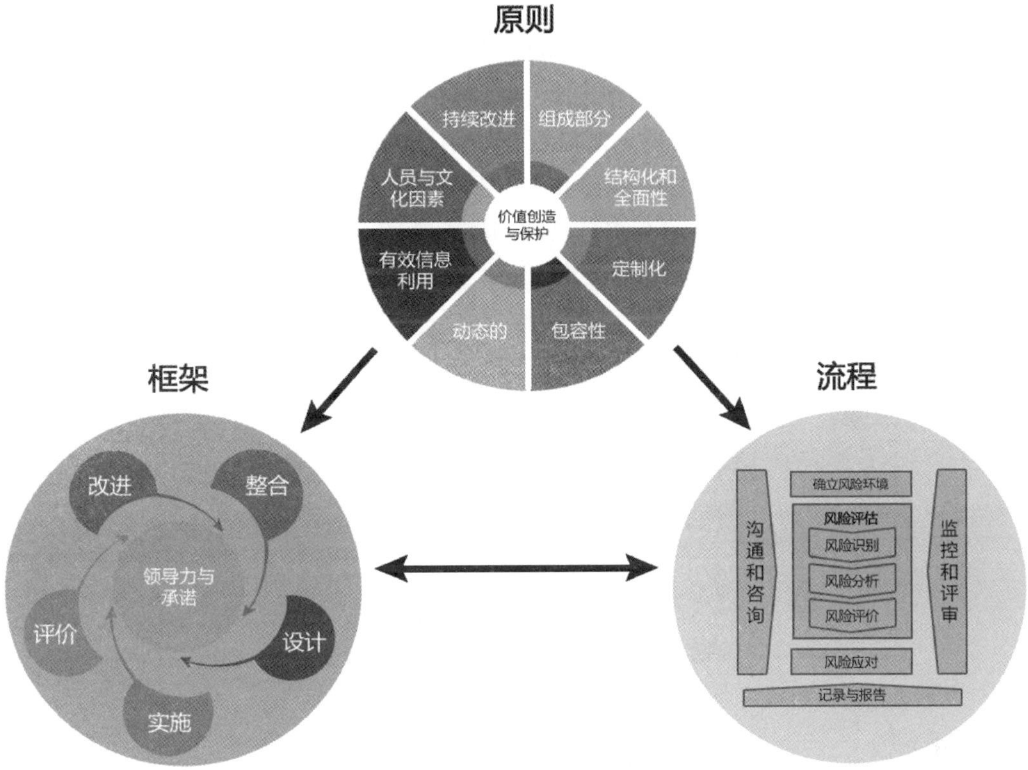

图 5－5　ISO 31000 国际风险管理标准

a. 原则。ISO 31000 是基于原则的标准，旨在产生风险管理职能内的透明度和可信度。这些原则规定的核心内容为“价值的创造和保护”，体现为八个部分：

- 组织活动的组成部分；
- 应遵循结构化和全面性的方法，以提供一致的结果；
- 根据组织的运营环境、文化和目标进行定制化；
- 具有包容性，为所有的利益相关方提供更好的沟通；
- 动态的，能及时应对变化；
- 有效信息利用；
- 考虑人员与文化因素；
- 促进持续改进。

b. 框架。ISO 31000 的框架有助于将风险管理集成到所有组织活动和功能中。

- 领导力与承诺：高层管理人员的监督确保将风险管理方法整合到所有活动中，从而为组织和利益相关方提升价值。
- 整合：风险管理应该是治理的一个关键方面。它应与组织目标、战略、目标和运营保持一致。

- 设计：该框架的设计应符合组织的背景，并表明对风险管理的承诺。
- 实施：成功需要利益相关方的参与，框架应确保风险管理流程包含在所有活动中。
- 评价：为了评估框架的有效性，审计师应根据指标和预期行为来衡量绩效。
- 改进：组织应不断监测和调整框架，以解决已发现的差距并纳入增强功能。

c. 流程。ISO 31000 是一个循环的流程，始于高级管理层表达要进行风险管理并基于上述原则主张，然后设计和定制该框架。一旦实施，它就受到监控和审查，以便持续改进和进一步定制。实施阶段都有它自己的周期，如图 5－6 所示。

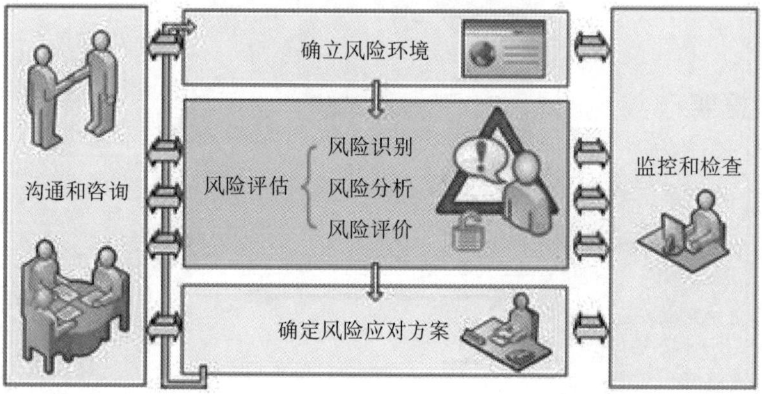

图 5－6　ISO 31000 实施阶段流程

d. 评价方法。ISO 31000 标准是一个非常有价值的工具，可以用来衡量风险管理的履行、计划、执行和监督。运用 ISO 31000 标准评价风险管理过程有三种方法（可选择使用，或混合使用）。

流程因素评价法：考虑 ISO 31000 标准风险管理过程的七个要素（沟通和咨询、确定环境、风险识别、风险分析、风险评价、风险应对、监控与检查），分七个步骤进行审计；

关键原则评价法：依据风险管理的八项原则进行评价。

成熟度评价法：强调风险管理给组织带来的价值，风险管理的演变进程从关注合规性到关注有效的风险处理，可以对照预期和发展目标衡量进展情况。

(2) 风险管理角色

风险管理仍然是一个新兴的领域，但它对于组织的成功至关重要。成功的风险管理要求一个战略的视角、一个前瞻的视角、一个对竞争环境的清晰认识，以及特殊的技能和知识。这些属性需要在领导力、参与、协作以及全组织的团队合作。

①高级管理层和董事会。成功的和持续的风险管理要求高级管理层和董事会的积极支持。高级管理层必须提供资源和支持，并参与针对战略的、外部的和新出现的风险的

识别和评估。董事会已经开始被赋予对风险管理进行监督的特殊职责。他们的参与在选择运用的框架和工具中是至关重要的。董事会将针对他们予以关注的风险类型提供特殊的投入以及他们需要履行责任所必需的工具和报告。

②首席风险官。随着风险管理概念，特别是企业风险管理概念的建立，曾经仅在金融机构中较为普遍的首席风险官（CRO）职位已经变得越来越盛行。首席风险官们提供了管理一个组织风险的框架，并确保存在一个一致的、可靠的过程以识别、评估和应对组织面临的风险。首席风险官们负责制定向高级管理层和董事会的报告框架。首席风险官主要针对组织的风险管理，而首席财务官主要针对组织财务事务的管理。该职位提供了针对风险事项的领导力、洞察力、智库，以及指导。首席风险官与首席审计官有着密切的工作关系。

③经营和财务管理层。了解环境、风险识别，以及风险处理的大部分工作都将是由组织内部的经营和财务管理层来完成的。在没有管理层的积极参与和合作的情况下，完整的和可靠的风险评估以及负责任的风险处理是不可能完成的。很多风险框架都指出了对风险所有者的需要。在风险管理已经与企业的经营实现整合的成熟的组织中，风险所有者通常就是承担实现企业业绩或目标的责任的高级管理层或者经理们。

④内部审计。内部审计师的职责是运用风险管理方法和控制措施，对风险管理过程的充分性和有效性进行检查、评价和报告，提出改进建议，为管理层和审计委员会提供帮助。但是，作为咨询顾问身份开展工作的内部审计师可以协助机构确定、评价并实施针对风险的管理方法和控制措施。

对机构的风险管理过程进行评价和报告一般是审计的重点。评价管理风险程序有别于审计师应用风险分析对审计进行的计划工作。但是，来自综合性风险管理过程的信息有助于内部审计师计划审计工作。

首席审计官应理解管理层和董事会对内审部门在风险管理过程中所起作用的期望，这种理解应该在内部审计部门和审计委员会各自的章程中得到规定。

风险管理过程中，在一个组织内部应当有职责分工，各司其职。如战略方向的确定由董事会或委员会负责；风险的归属可以由管理高层分配；对剩余风险的接受可以由执行管理层决定；持续的确认、评价、减缓和监测活动可以由操作层人员分配决定；定期评价和保证工作由内审部门负责。

内部审计部门在风险管理过程中的作用有一个发展过程：首先是不在风险管理过程中起任何作用，然后是作为内部审计工作计划的一部分对风险管理过程进行审计，之后是积极持续地支持并参与风险管理过程。至于起多大作用，则要由管理层和审计委员会决定。

内部审计师的更为前瞻性的角色是通过咨询的方式改进组织的基本流程，对传统的确认活动予以补充。不过，内部审计师在建立和管理风险管理过程的前瞻性角色和“风险责任人”的角色是不一样的。内部审计师不能承担这种角色，或是在不损害独立性的情况下承担管理层、董事会或审计委员会在风险管理过程中的任何角色。董事会和审计委员会对于确定是否具有恰当的风险管理过程以及风险管理过程的适当性、有效性方面负有监督角色。管理者要负责管理已发现的风险，并确保组织具有合理的风险管理过程，且能发挥作用。内部审计师若是管理已发现的风险，就会承担管理者的角色，有损其独立性。

(3) 风险管理技术

风险管理的一条基本原则是以最小的成本获得最大的保障。对风险的处理有回避风险、预防风险、保留风险和转移风险等四种方法。

①回避风险。回避风险也称避免风险，指考虑到影响预定目标达成的诸多风险因素，结合决策者自身的风险偏好和风险承受能力，从而做出的中止、放弃某种决策方案或调整、改变某种决策方案的风险处理方式。风险回避的前提在于企业能够对企业自身条件和外部形势，以及客观存在的风险属性和大小有准确的认识。这种方法明显具有很大的局限性，因为并不是所有的风险都可以回避或应该进行回避。

②预防风险。预防风险也称控制风险，指采取预防措施，以减小损失发生的可能性及损失程度。兴修水利、建造防护林就是典型的例子。预防风险涉及一个现时成本与潜在损失比较的问题：若潜在损失远大于采取预防措施所支出的成本，就应采用预防风险手段。

③保留风险。保留风险也称自留风险，指自己非理性或理性地主动承担风险，即指一个企业以其内部的资源来弥补损失。“非理性”保留风险是指对损失发生存在侥幸心理或对潜在的损失程度估计不足从而暴露于风险中；“理性”保留风险是指经正确分析，认为潜在损失在承受范围之内，而且自己承担全部或部分风险比购买保险要经济合算。保留风险一般适用于对付发生概率小，且损失程度低的风险。

④转移风险。转移风险也称分担风险，指通过某种安排，把自己面临的风险全部或部分转移给另一方。通过转移风险而得到保障，是应用范围最广、最有效的风险管理手段。典型的风险转移有外包、合并、多元化、套期保值和保险等。

5.2.4 内部审计在风险管理中的作用

内部审计活动应该帮助组织识别并评价重要的风险暴露，并促进风险管理和控制系统的改进。内部审计活动应该监控和评价组织风险管理系统的效果。

内部审计活动应该评价与组织以下方面的治理、运营和信息系统有关的风险暴露：

- 组织战略目标的实现；
- 财务与运营信息的可靠性与完整性；
- 运营和程序的效率与效果；
- 资产的安全；
- 对法律、法规、政策、程序及合同的遵循情况。

在咨询业务期间，内部审计师应该关注的风险要和业务目标保持一致，并且应该警惕存在的其他重大风险。内部审计师应该将在咨询业务中对风险的了解结合到发现和评价组织的重大风险暴露的过程中去。

(1) 促进风险管理过程的建立

如果机构尚未建立风险管理过程，首席审计官应提请管理层注意，并提出建议。内部审计师应该就内部审计部门在风险管理过程中应起的作用获得管理层和董事会的领导支持，并在章程中作出规定。

如果有关方面提出要求，内部审计师可以积极协助机构风险管理过程的初步建立工作。内部审计师更为积极的作用是通过改善基本程序的咨询方式对传统确认活动进行补充。如果这些协助活动超出了内部审计师正常的确认和咨询工作范围，审计的独立性就会受到损害。在这种情况下，内部审计师应该遵守《标准》的披露要求。

内部审计师在开发和管理风险管理过程中所起的积极作用有别于在“风险归属”问题上所起的作用。为了避免参与“风险归属”问题，内部审计师应该要求管理层证实其在确定、防范、监测以及决定风险“归属”方面的责任。

总之，内部审计师可以促进风险管理过程的建立或使建立成为可能，但是不应该“拥有”已确认的风险或负责对这些风险的管理。内部审计部门在建立风险管理过程之中和之后所承担的责任，也要在章程中规定。

(2) 识别和报告环境风险

为保证识别出相关风险，风险识别的方法要系统并被清晰记录。文本记录范围可以是小型组织的电子数据到较复杂组织供应商提供的软件，但最关键的要素则是风险管理框架的完整记录。

对组织风险管理的文本记录存在于风险管理流程中决策层以下的各层级。许多组织已建立风险登记表，对决策层以下的风险进行记录，对某领域的重大风险、相关的固有风险和剩余风险评定结果、关键控制、降低风险的因素进行记录。接下来，将进行核准工作，以发现风险登记表中风险“类别”和“特征”之间更直接的联系，这些条款可能已经包含在内部审计部门的记录之中。

首席审计官应该警惕可能因环境审计的机构设置和报告关系造成的潜在风险。

①潜在风险。首席审计官应当在所有全面的组织风险管理评价中，对环境、健康和安全风险进行评估，并与组织经营过程中的其他类型风险联系起来进行评估。应当评估的风险暴露有：

- 组织的报告结构；
- 造成环境危害的可能性；
- 罚款、处罚；
- 环境保护机构或其他政府部门授权的支出；

- 伤亡记录；
- 客户损失记录；
- 负面公众影响；
- 公众形象和名誉损失。

由于大部分环境审计职能向机构的环境部门报告，而不是首席审计官。如果发现环境、健康、安全风险的管理大部分依赖于环境审计职能，首席审计官需要考虑组织结构以及它对经营和报告机制的影响。如果发现暴露的风险未得到充分控制，剩余风险仍然存在，则应改变内部审计部门的业务计划并做进一步调查。

②对首席审计官的建议。首席审计官应该建立同环境主管官员的密切工作关系，就环境审计计划开展合作。在环境审计职能不对首席审计官报告的情况下，首席审计官应当对审计计划和审计项目的实施进行检查。如果环境审计职能在机构设置上独立于内部审计部门，首席审计官应当定期安排质量保证检查，以确定环境风险是否被充分揭示。环境、健康、安全审计方案可以：

- 侧重遵循性（即核实是否遵守法律、法规以及单位内部的相关政策、程序和业绩目标）；
- 侧重管理体制（即对管理体制作出评价以确保符合法律及内部要求，同时降低风险）；
- 以上两种方式的结合。

首席审计官应当对不属于内部审计部门的环境审计人员是否遵守公认审计职业标准和《职业道德规范》作出评价，《标准》和《职业道德规范》由环境、健康、安全审计师资格委员会和IIA发布。首席审计官应当对环境审计职能的机构设置和独立性作出评价，以确保重大风险导致的严重问题上报到审计委员会或理事会下设的其他委员会。首席审计官还应向审计委员会协助报告重大环境、健康、安全风险和控制事项。

（3）评估风险管理过程的适当性

对组织的风险管理过程进行评估和报告通常是一项审计重点。对风险管理过程进行评估与审计师利用风险分析来制定审计计划在要求方面是不同的。但是，从整个风险管理过程中得到的信息，包括发现管理层和董事会的考虑事项，都能帮助内部审计师确定审计活动的计划。内部审计师必须确认组织的风险管理过程是否着眼于以下五个主要目标，并从总体上对风险管理过程充分性发表意见：

第一，找出业务战略与活动领域的风险并进行优先排序。

第二，高级管理层和董事会已经确定了组织可以接受的风险水平，包括为实现组织的战略计划而接受的风险。

第三，设计、实施了降低风险的活动，把风险降低到管理层和董事会可以接受的水平上。

第四，开展持续的监督活动，定期对风险和控制的有效性进行再评估，以管理风险。

第五，董事会和高级管理层定期收到风险管理过程的结果报告。组织的治理过程应该包括定期向利益关系方传达风险、风险战略和控制情况。

一个组织所应用的特定风险过程必须适合该组织的文化、管理风格以及工作目标。例如，组织如果利用金融衍生工具或其他复杂的资本市场的产品，就必须使用定量的风险管理工具。规模较小、不太复杂的组织可以通过非正式的风险委员会讨论组织的风险事宜，并定期开展活动。审计师应该确定所选择的方法对于组织的活动性质来说是全面的、适当的。

风险管理流程和系统在全球各地的设计各不相同。组织的成熟度与风险管理的相关性在各个组织中都有所不同。在组织存在集中风险管理活动的地方，该活动的作用就包括要与管理层合作，对内部控制结构进行持续的审核，并根据不断演进的风险偏好更新内部控制结构。在全球不同地方运用的风险管理流程可能具有不同的逻辑、结构和说法，因此内部审计师要对组织的风险管理流程进行评估，确定在制订内部审计计划时可以运用哪些风险管理流程，在规划单个的内部审计项目时可以运用哪些风险管理流程。

内部审计师应该获取足够的证据，确认五个主要风险管理过程目标是否得到实现，以此形成关于风险管理过程充分性的意见。在收集此类证据的过程中，内部审计师应该考虑下列审计程序：

①研究、评估风险管理方法的参考资料和背景信息，在此基础上评估组织所应用的过程是否适当、是否代表了本行业的最佳实务。

②研究、评估与组织业务有关的当前发展情况、趋势、行业信息以及其他恰当的信息资源，确定是否存在可能影响组织的风险，用以解决、监督与再评估这些风险的相关控制程序。

③检查公司政策、董事会和审计委员会的会议记录，确定组织的经营战略、风险管理理念和方法、对风险的兴趣以及对风险的接受。

④检查管理层、内部审计师、外部审计师以及其他有关方面以前发表的风险评估报告。

⑤与行政经理和业务部门经理交谈，确定业务部门的目标、相关的风险以及管理层开展的降低风险的活动和控制监督活动。

⑥收集信息，独立评估降低风险、监督、风险报告和相关控制活动的有效性。

⑦评估针对风险监督活动建立报告专线的恰当性。

⑧评估风险管理结果报告的充分性和及时性。

⑨评估管理层的风险分析是否全面，评估为纠正风险管理过程中发现的问题而采取的措施的完整性，提出改进建议。

⑩确定管理层的自我评估过程的有效性，可以通过实地观察、直接检测监控程序、测试监督活动所用信息的准确性以及其他恰当的技术来进行。

⑪评估与风险有关、可能说明风险管理实务中存在薄弱环节的问题，在适当情况

下，与管理层、审计委员会和董事会就此进行讨论。如果审计师认为管理层接受的风险水平与组织的风险管理战略和政策不一致，或认为该风险水平不能被组织接受，那么审计师应该就此事与高级管理层讨论。如果经过讨论双方仍无法就剩余风险作出决定，审计师必须报请董事会解决。

（4）执行时的考虑因素

通过执行《标准》2120，首席审计官和内部审计部门将充分理解组织风险管理过程，并努力寻求改进机会。通过与高级管理层和董事会的沟通，首席审计官应考虑组织的风险偏好、风险承受能力和风险文化。内部审计部门应向管理层提示面临的新风险以及尚未充分消除的风险，并为适当的风险应对行为（回避、预防、保留和转移）提供建议和措施。此外，内部审计部门应获得足够的信息来评估组织风险管理过程的有效性。

通过检查组织的战略规划、业务计划和政策，并与董事会和高级管理层进行讨论，首席审计官可以洞悉并评估战略目标是否支持并符合组织的使命、愿景和风险偏好。通过和中层管理人员面谈，首席审计官会深入了解组织的使命、目标和风险偏好在业务部门层面的一致性。

内部审计师应全面了解组织如何识别和处理风险，以及如何确定哪些风险是可以接受的。内部审计部门通常会评估董事会和其他关键风险管理承担者的职责和与风险相关的流程。为此，内部审计师可以检查最近完成的风险评估和高级管理层、外部审计师、监管机构和其他来源发布的相关报告。

此外，内部审计部门一般会开展风险自我评估。通过与管理层和董事会的讨论以及对组织规定和会议纪录的检查，可以了解组织的风险偏好，使得首席审计官和内部审计部门能对其建议的风险应对措施进行调整。内部审计部门可以考虑使用既有的风险管理或控制框架（例如 COSO 框架或 ISO 31000）来帮助识别风险。为快速应对潜在的风险暴露和机会，内部审计部门还可以研究与组织行业相关的最新发展和趋势，以及可用于监督、评估和应对这些风险和机会的流程。

通过采取这些步骤，内部审计师可以独立进行差异分析，以确定重大风险是否能够得到识别和充分评估，而内部审计部门则可以对管理层的风险评估流程进行评价。在检查风险管理过程时，内部审计师对风险和选择的应对措施进行识别和讨论非常重要。例如，管理层可以选择接受风险，首席审计官需要根据组织的风险偏好或风险管理策略来确定该决策是否适当。如果首席审计官认为管理层已接受了组织可能无法接受的风险级别，就必须与高级管理层讨论此事，并可能需要根据《标准》2600 沟通对风险接受的要求与董事会进行沟通。如果管理层针对已确定风险选择了减缓风险的策略，内部审计部门必要时可以对所采取的补救措施的适当性和及时性进行评估。这可以通过检查控制设计与测试控制和监督程序来实现。

2600——沟通对风险的接受

首席审计官认为管理层接受的风险水平可能无法被组织接受时，必须就此与高级管理层进行讨论。如果首席审计官确信问题未得到解决，必须与董事会进行沟通。

为评估相关风险信息是否在整个组织内实现了及时获取和沟通，内部审计师可以与各级员工进行面谈，确定组织的目标、重大风险和风险偏好是否在整个组织得到充分阐述和理解。通常，内部审计部门还须评估管理层对风险管理结果的报告是否适当和及时。内部审计部门可以检查董事会会议记录，以确定最重大风险是否及时报告给董事会，以及董事会是否正在采取行动确保管理层对风险作出适当的应对。

最后，内部审计部门应采取必要措施，确保管理自身的风险，如审计失败、错误确认和声誉风险。同样，所有的整改措施都应该被监督。

(5) 内部审计的作用范围

风险管理是管理人员的关键职责，管理人员应该保证机构的风险管理过程健全有效，并发挥作用。董事会和审计委员会负责监督、判断机构是否有适当的风险管理过程，以及是否充分、有效。确定内部审计的作用范围时需要考虑的主要因素是该活动是否对内部审计部门的独立性和客观性产生任何威胁，是否可能改进组织的风险管理、控制和治理过程。

①风险管理的角色和职责。内部审计人员应在其正常工作过程中识别和评估重大风险敞口。内部审计活动在组织风险管理过程中的作用可能随着时间的推移而发生变化，并且可能在某一时刻沿着以下顺序连续呈现：

- 不发挥作用；
- 将风险管理过程的审计作为内部审计计划的一部分；
- 提供内部审计结果所确定的风险事件相关的深入见解和历史数据；
- 就风险管理流程的建立或改进提供咨询。

②企业全面风险管理中的作用。企业全面风险管理（ERM）是贯穿整个组织的具有结构性、一致性和持续性的过程，用以识别、评估并确定如何应对及报告影响组织实现目标的机遇和威胁。图5-7表示企业全面风险管理活动的范围，指出有效的专业内部审计活动应当及不应当（同样重要）发挥的作用。

图5-7的左侧是所有确认活动。这些活动从一个侧面为风险管理提供了更加客观的确认。遵循《标准》的内部审计工作能够并应当至少执行其中的某些活动。图5-7中间部分说明了与企业全面风险管理相关的内部审计的咨询作用。一般来说，越偏向转盘右侧的内部审计咨询活动，越需要安全保障措施以维护它的独立性和客观性。

安全保障措施是指在满足某些条件时，内部审计才有可能拓展其对风险管理的参与。这些条件包括：

- 应当明确管理层对风险管理的职责；

- 内部审计师职责的性质应当写入内部审计章程并由审计委员会审批通过；
- 内部审计不应当代表管理层管理任何风险；
- 内部审计应当提供建议、挑战并支持管理层作决定，而不是他们自行作出风险管理决定。

此外，内部审计不能同时为其所负责的风险管理框架的任何一部分提供客观确认。这种确认服务应当由其他适当的、有资格的人提供，确认活动之外的任何工作应当被视为一种咨询业务，应当遵循与此业务相关的实施标准。

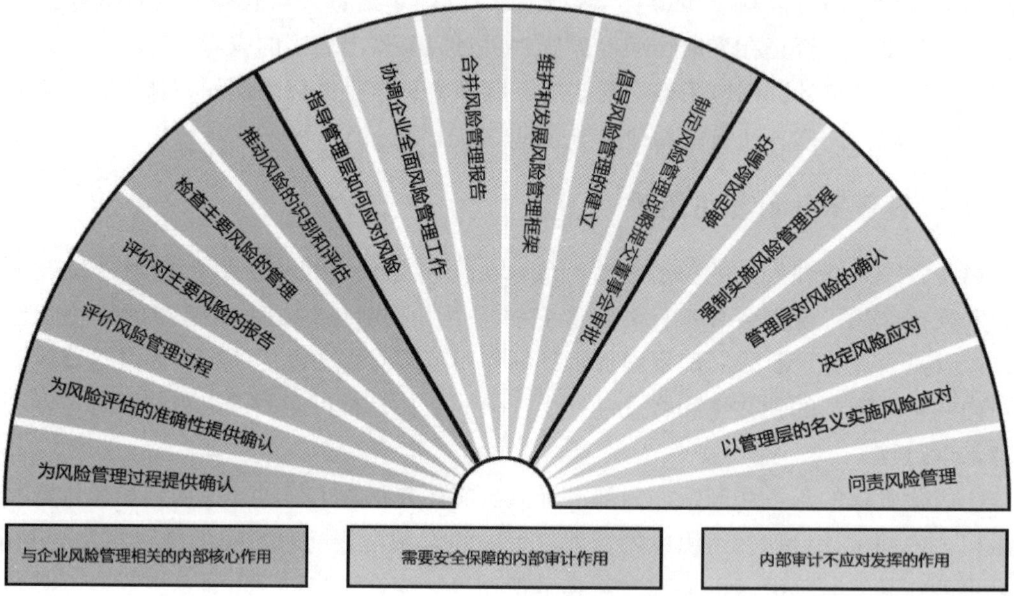

图 5－7　内部审计在 ERM 中的作用

5.3　内部控制与内部审计

2130——控制

内部审计部门必须评估控制的效果和效率，并促进控制持续改进，从而协助组织维持有效的控制。

2130. A1——内部审计部门必须评估下列针对组织内部治理、运营和信息系统等风险的控制的适当性和有效性：

- 组织战略目标的实现；
- 财务和运营信息的可靠性与完整性；
- 运营和程序的效率和效果；
- 资产的安全；

- 对法律、法规、政策、程序及合同的遵循情况。

2130. C1——内部审计师必须将开展咨询业务过程中了解到的控制知识运用于评估组织的控制过程。

IIA对“控制”的定义为：“管理层、董事会和其他方面为管理风险、增加实现既定目标的可能性而采取的任何行动。管理层负责计划、组织并指导实施充分的行动，为实现目标和目的提供合理保证。”

一个现代企业完善、健全的内部控制系统中，必须有完善严密的内部审计制度、独立有效的内部审计机构和高素质、高责任心的内部审计人员，它既是内部控制系统中重要的一个分支系统，又是实现内部控制目标的重要手段。内审制度的完善是健全内部控制制度的重要内容，同时，内部审计还能为改进内部控制制度提供建设性的意见。

5.3.1 控制概念

内部控制工作是管理人员检查组织实际运作是否按照预定的计划、标准和方法进行，发现偏差，分析原因，采取措施确保组织目标实现的过程。在管理过程中采取的控制类型按不同的标准可进行不同分类，采用的管理控制方法和技术也多种多样。

(1) 按时间分类的控制类型

管理中采取的控制可以在行动开始之前、进行之中或结束之后进行，称为三种控制模型。第一种称为前馈控制或预先控制；第二种称为同期控制或过程控制；第三种称为反馈控制或事后控制。

①前馈控制。前馈控制发生在实际工作开始之前，是未来导向的，是指为增加将来的实际结果达到计划结果的可能性，而事先所进行的管理活动。质量控制培训项目、预测、预算、实时的计算机系统都属于前馈控制。管理过程理论认为，只有当管理者能够对即将出现的偏差有所觉察并及时预先提出某些措施时，才能进行有效的控制。它能避免预期出现的问题，而不必当问题出现时才补救。

②同期控制。同期控制是发生在活动进行之中的控制，是指管理人员在计划执行过程中，指导、监督下属完成计划要求的行动，最典型的方式是监督视察，即对经常性的重复出现的业务，要求执行人员按规定的标准化程序来完成，以保证业务处理质量达到控制目标和要求，它要求按照牵制的原则进行程序设置，所有的主要业务活动都要建立切实可行的办理程序。同期控制可使管理者在问题发生时及时纠正问题。

③反馈控制。反馈控制又称事后控制或成果控制，发生在行动之后，通常是通过实际与标准或预算的对比来确认差异，在问题出现后要求采取纠正措施。客户回访、对完工产品进行检查、差异分析、评估客户投诉、监督产品退回情况等都属于反馈控制。这种目标既包括企业内部的成本、生产计划，也包括来自外部的要求。它的优点表现在两

个方面：一是它为管理者提供了关于计划的效果究竟如何的真实信息，能够使管理者通过实际与计划的比较来分析偏差产生的原因，便于管理者制订出更有效的新计划；二是它能够增强员工的积极性，因为人们希望获得评价他们绩效的信息，反馈恰好提供了这样的信息。其缺点是管理者在发生损失之后才获得信息。

（2）按功能分类的控制类型

控制活动按其功能进行分类，大体可分为预防性控制、检查性控制、指导性控制、纠正性控制、补偿性控制。

①预防性控制。预防性控制是为了防止错误和舞弊的发生而采取的控制。例如，对被审计单位的信用进行审核、采用招标方式选择供应商、职责分离、运用检查单、将任务分配给具有胜任能力的员工、使用密码、授权程序等都属于预防性控制。

②检查性控制。检查性控制是为了发现已出现的不利事项而进行的控制。它可以为管理层提供有关预防性控制有效性的反馈信息。例如，检查和比较、核对银行对账单、实物清点、对账等都属于检查性控制。

③指导性控制。指导性控制是为了确保实现有利结果而采取的控制，各种政策、指南和手册都属于此类。例如，要求内部审计部门的所有员工都具有注册内部审计师资格、为管理层提供实现最低毛利率的合理保证、要求保证一定的员工出勤率等。指导性控制还可以是培训项目和激励性薪酬计划。除此之外，这类控制还包括职业道德氛围等软控制。

④纠正性控制。纠正性控制是为了纠正已发生的不利事项而采取的控制措施。它们纠正已检查出来的和已报告的差错。纠正程序、控制和例外报告都属于纠正性控制。

⑤补偿性控制。补偿性控制是针对某些环节的不足或缺陷而采取的控制措施。当一项首选的控制失败或者不符合成本效益原则时，它可以将风险降低至可接受水平。例如在小型企业中，由于人员有限，部分不相容职责不能很好地分离，则可以采用加强监督的方式进行补偿性控制。

（3）按范围分类的控制类型

组织层面的控制：适用于整个组织，其设计不仅能确保组织目标实现，而且能够减轻组织整体风险。

流程层面的控制：是由流程的所有者建立的控制，以确保目标和过程得以完成，了解流程中的风险并设法解决。

交易层面的控制：主要是针对特定的交易事项，以确保交易目标实现和交易中的特定风险得以识别。

（4）按属性分类的控制类型

硬控制：这些控制具有科学严谨性，往往是可量化的和客观的，通常指传统审计测试用于合规性检查。

软控制：这种控制倾向于定性和主观，深受组织文化影响，属精神和态度因素。

（5）人工控制和自动化控制

人工控制（主动控制或手动控制）意味着预防或检查偏离已批准程序的任务，可以把它看作是一种通过某种有意识的干预起作用的控制。例如，经理对事务的审核。

自动化控制（被动控制）无需人工干预即可运行。自动化控制内置于计算机系统，只要在那里就会起作用。例如，恒温器设置用于保持房间温度。

总的来说，人工控制需要人去行动，并且总是面临人工差错或故意不作为的风险。自动化控制内置于计算机系统中，更为可靠。

（6）信息系统控制类型

一般控制：各种相对通用的信息系统控制手段和技术，包括：管理控制、计算机运行控制、系统实施控制、软件控制、硬件控制、访问控制和物理设备控制等。

应用控制：和特定应用相关的、为保障应用程序正确运行而设定的控制，包括：输入控制、过程控制和输出控制。其中，输入控制是指当数据手动或自动输入系统时，核对数据的完整性，主要是为了防止或发现将不正确或不完整的数据输入计算机而采取的控制；过程控制是指检查数据处理任务的正确、完整和有效；输出控制是指核实数据输出的正确、完整和有效。

一般控制与应用控制是两个不同层次的控制手段。一般控制更为基础，且其有效性不受应用控制的影响。相反，应用控制的有效性则往往受限于一般控制。

（7）不同的组织结构对控制的影响

组织结构是指组织内部的机构设置、职责与权限划分、责任机制、信息传递方式和相应的人员配备。决定组织结构的主要因素包括组织内部分工、部门设置、管理层级与幅度、责任与权限。

管理幅度指一个人或组织直接管理的下属人员或机构的数目。管理幅度受领导者能力、精力和时间的限制。管理幅度过宽，会导致领导者负担过重或出现管理混乱。管理幅度过窄，会增加管理层次，降低工作效率。直接指挥的人数多、部门多，通常称为管理幅度大。直接指挥的人数少、部门少、通常称为管理幅度小。

管理层次是指组织纵向划分的管理层级的数目。一般分为高层管理、中层管理、基层管理。在被管理对象数量确定的条件下，管理幅度与管理层次为相互影响的反向关系；管理幅度越宽，需要设置的管理层次就越少；反之，管理幅度越窄，需要设置的管理层次就越多。

组织内部的部门设置是根据工作特征进行分工的，工作分工越细，所需要的部门就越多，责任就越明确。但是，部门设置过多，不仅会增加管理成本，而且会增加部门之间的协调难度。所以组织的机构设置应当以整体效率为主要决定因素。

5.3.2 管理控制技术

控制可以定义为管理层监控各项活动以确保它们按计划进行并纠正各种重要偏差的过程，包括会计控制和行政控制。控制的过程可以划分为三个步骤：一是衡量实际绩效；二是将实际绩效与标准进行比较；三是采取管理行动来纠正偏差或不适当的标准。在控制过程中，预算是典型的管理控制技术，除此之外，通常还包括成本控制、库存控制、项目控制、财务控制和流程图等控制技术。

(1) 预算

预算是行为计划的量化，是把有关企业经济活动的计划用数字和表格形式反映出来，并以此作为控制未来行为和评价其结果的依据。这种量化有助于管理者协调、贯彻计划，是一种重要的管理工具。预算具有以下作用：

- 预算有助于管理者制定更加明确、可行的计划目标；
- 总预算有助于管理者在全盘考虑整个价值链之间的相互联系的基础上，协调组织各部门的不同活动，更加有效地分配组织资源和实现组织目标；
- 有助于业绩评价，通过预算管理各项目标的预测、组织实施，能促进企业各项目标的实现，保证企业各项目标的不断提高和优化，是体现企业业绩的一种好的管理模式；
- 能激励员工完成企业的目标，预算的过程会促进管理者及全体员工面向未来，促进发展，有助于增强预见性，避免盲目行为。

(2) 成本控制

成本控制，是企业根据一定时期预先建立的成本管理目标，由成本控制主体在其职权范围内，在生产耗费发生以前和成本控制过程中，对各种影响成本的因素和条件采取的一系列预防和调节措施，以保证成本管理目标实现的管理行为。

①目标成本法。目标成本法以给定的竞争价格为基础决定产品的成本，以保证实现预期的利润。即首先通过市场调研确定客户愿意为产品/服务支付的价格，即目标价格，然后从单位目标价格中减去所要求的边际利润，得到单位目标成本。目标成本法的成本管理模式从“客户收入 = 成本价格 + 平均利润贡献”转变到“客户收入 - 目标利润贡献 = 目标成本”。

②作业成本法。作业成本法又称 ABC 成本法，它将作业视为基本的成本对象，以作业为中心，作业的划分从产品设计开始，到物料供应；从工艺流程的各个环节、总装、质检到发运销售全过程，通过对作业及作业成本的确认计量，最终计算出相对准确的产品成本。在作业成本法下，所报告的成本数字更好地计量了各种耗用情况，从而提

供了降低成本的机会，以最终达到提高企业竞争力和获利能力，增加企业价值的目的。

(3) 库存控制

库存控制又称库存管理，是对制造业或服务业生产、经营全过程的各种物品、产成品以及其他资源进行管理和控制，使其储备保持在经济合理的水平上。

①预防性控制。

交易取消：当每个交易取消时，系统应能够防止该记录被重复使用。例如，采购订单、接收报告、发票、销售退回或类似记录。系统对于重复使用的文件进行标记，类似于手工处理记录时标注“已付”或“已处理”。

预编号形式：将各个资源文档和输入表格进行连续编号（如采购命令或发票）。连续编号是事先印好的，以能够在之后识别损失或发现遗失的文档和表格。

有效性检查（存在性检查）：这类检查测试以下编码的有效性（是否存在），如州、税率、社保号码、客户编号、供应商编号或雇员编号。

双人控制：两个人互相审核或批准彼此的工作。例如，一个人发起一项交易，另一个人批准交易；一个人记录存货或现金，而另一个在旁边观察。双人控制的目的是为处理敏感或高风险的交易提供保证和精确度，或者说，双人控制的目的是减少舞弊或其他违规行为。

②检查性控制。

批处理总数：为确保数据输入和处理的准确性，控制可以将输入的总数与处理的总数进行自动比较。

格式检查：这类检查是为了确定数据输入的格式是恰当的，可以以数字或字母顺序进行。恰当的格式取决于数据记录的定义。例如，日期字段应该具有如下格式：YYYY：MM：DD。

限制检查：该程序用来检测数据是否违反限制。此类限制可以是交易价值的限制，也可以是时间上的限制。

合理性检查：例如，航空公司乘客航班起飞时间与航班降落时间相比不合理，客户订单数量与历史订单相比不合理。

数位校验：校验数位是对某字段进行某种计算后得出，并附加在该字段之后的校验位。通过重新计算校验位并和原校验位进行比较，可以发现该字段内容是否已发生变化。

平衡性控制：这项控制是利用基于系统或功能的技术来平衡交易，这种技术自动识别或报告不平衡情况。例如，每个单元或金额的合计必须等于各个地点的合计。

交易的系统日志：这是一项维护使用者ID、密码、交易编号、部门编号、终端ID、日期、时间的日志的处理性控制，它为审计提供电子的审计追踪信息。

③纠正性控制。

例外报告：这是一种针对特殊情况和重要例外事项而形成的报告。报告的类型和细节取决于应用系统的功能。

前/后图像报告：为确认数据的完整性，系统必须在改变前/后报告数据区域值，以使用户能够识别数据输入和更新的错误。

备份和恢复日志：所有应用系统的交易都应该被日志文件获取，这样当系统运行失败时数据能得到恢复。

（4）项目控制

项目控制是以事先制订的计划和标准为依据，定期或不定期地对项目实施的所有环节进行调查、分析、建议和咨询，发现项目活动与标准之间的偏离，提出切实可行的实施方案，供项目的管理层做决策的过程。项目控制的内容包括：

①范围变化控制。项目范围的变化是相对于项目计划中认可的和 WBS（工作分解结构）中指定的最初范围。

②质量控制。质量控制是保证项目最终产品和项目的工作过程生产出我们满意的产品，以达到预定的短期和长期效果。在项目过程中，需要采取预防措施防止失误与错误，排除其根源，避免错误重复发生。

③工期控制。工期控制的意图是使项目遵循工期，使工期的超标达到最小化。项目的时间进度可以用进度表来安排。为了对进度进行控制，应当把每个阶段，甚至细到每周或每两周的计划任务都规定出来，以便随时进行对照检查。

（5）财务控制

财务控制是指对企业的资金投入及收益过程和结果进行衡量与校正，目的是确保企业目标以及为达到此目标所制订的财务计划得以实现。现代财务理论认为，企业理财的目标以及它所反映的企业目标是股东财富最大化（在一定条件下也就是企业价值最大化）。财务控制总体目标是在确保法律法规和规章制度贯彻执行的基础上，优化企业整体资源综合配置效益，厘定资本保值和增值的委托责任目标与其他各项绩效考核标准来制定财务控制目标，是企业理财活动的关键环节，也是确保实现理财目标的根本保证，所以财务控制将服务于企业的理财目标。

（6）因果分析法

因果分析法是通过因果图表现出来，因果图又称特性要因图、鱼刺图或石川图，是为了寻找产生某种问题的根本原因，发动大家谈看法，做分析，将群众的意见反映在一张图上。用此图分析产生问题的原因，便于集思广益。对于内部审计而言，有助于内部审计师系统地研究问题发生的原因，从而提出审计发现和审计建议。

（7）ABC 时间管理法

ABC 时间管理法是以事务的重要程度为依据，将待办的事项按照由重到轻的顺序划分为 A、B、C 三个等级，然后按照事项的重要等级依据完成任务的做事方法。

A 级事务：必须做的事，如果非常有助于达到目标，即为最重要的事项。

B 级事务：应该做的事，如果对于达到目标具有一般的意义，即为次重要的事项。

C 级事务：可以做的事，如果对达到目标起的作用不大，即为不重要的事项。

(8) 帕累托分析

帕累托分析也称为"80/20 法则"。帕累托曾提出，在意大利 80% 的财富为 20% 的人所拥有，并且这种经济趋势存在普遍性。后来，人们在社会实践中，发现很多事情的发展都不谋而合地趋向这一规律。这个原理经过多年的演化，已变成当今管理学界所熟知的"80/20 法则"，即 80% 的价值是来自 20% 的因子，其余的 20% 的价值则来自 80% 的因子。"80/20 法则"被推广至社会生活的各个部分，且深为人们所认同。该法则认为，资源总会自我调整，以求将工作量减到最少。抓好起主要作用的 20% 的问题，其他 80% 的问题就迎刃而解了，因此"80/20 法则"又叫省力法则。

(9) 直方图

直方图又称质量分布图，是一种几何形图表，它是根据从生产过程中收集来的质量数据分布情况，画成以组距为底边、以频数为高度的一系列连接起来的直方型矩形图。通过将实际结果与正态分布的钟型曲线进行比较，可以从中发现重大差异，而这种差异需要采取措施进行纠正。在质量管理中，直方图通过对收集到的貌似无序的数据进行处理，来反映产品质量的分布情况，判断和预测产品质量及不合格率。

(10) 相关分析

相关分析就是对总体中确实具有联系的标志进行分析，其主体是对总体中具有因果关系标志的分析。它是描述客观事物相互间关系的密切程度并用适当的统计指标表示出来的过程。在一段时期内，出生率随经济水平上升而上升，这说明两指标间是正相关关系；而在另一时期内，随着经济水平进一步发展，出现出生率下降的现象，两指标间就是负相关关系。

5.3.3 COSO 内部控制框架

高级管理层为了实现组织的目标，必须要建立相应的内部控制系统，如：具体的政策和程序。这些政策和程序有机结合在一起，就构成了组织的内部控制要素。组织内部和外部环境的发展变化会对组织的内部控制要素产生影响，同时也制约内部控制的执行效果，因此，不同的组织需要根据实际情况，选择不同的内部控制框架。

COSO 是一个包括 IIA 在内的众多组织组成的联盟。自 1992 年 COSO 委员会发布《内部控制整合框架》以来，该框架已在全球获得广泛的认可和应用。COSO 框架提出了用于定义内部控制的常用框架，以及用于评价这些控制的程序，COSO 框架实质上成为各类商业机构理解和建立有效的内部控制的公认框架或准则（见图 5 -8）。

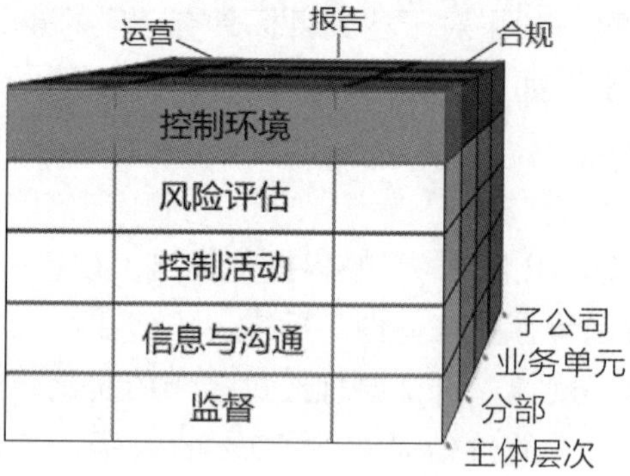

图 5 -8　COSO 内部控制框架

（1）COSO 内部控制框架的概念

COSO 报告与 IIA 标准的有关内容在精神上是一致的。COSO 报告指出，内部控制主要是管理层的责任，但组织中的每一位成员都应共同承担这一责任。内部审计的作用是帮助管理层监督控制结构，并提醒管理层注意内部控制各环节的强弱。其中，内部控制的定义明确了四个概念。

①一个过程。组织目标是由组织的宗旨决定的，它包括具体的目标和实现目标的效率，内部控制是防止那些可能影响组织目标有效率地实现的风险因素造成实际损失，或者使损失降低到最低程度的、贯穿于组织各项活动中的一系列行为或措施，而不是单一行为。

内部控制是业务过程的组成部分，可以整合到业务过程中，并可以监督过程的实施，是管理层的工具，但不能替代管理。

②人员。内部控制受到董事会、管理层和其他人员的影响，人员的行动可以在很大程度上影响规章制度的实施效率和效果，他们的行为可能受到其个人利益的驱使，也可能受其误解或抵触等情绪的驱使，因此，内部控制必须建立在充分沟通的基础上。

③合理保证。无论内部控制如何运行，都要向管理层和董事会提供目标实现的合理保证。目标实现的可能性受到所有内部控制系统的内在局限的制约。这些局限包括：决策中可能发生的判断失误，建立控制的人员考虑的成本和收益，在控制措施实施中由于简单的小错误或失误造成的控制中断等。此外，合谋可以绕过控制，管理层也有能力逾越内部控制系统。

④目标。内部控制系统只能预期对财务报表的可靠性以及遵守法律法规方面有关目标的实现提供合理保证。运营目标并不总在实体的控制中，例如投资的特定收益、市场占有率或引进新产品线等。因此，内部控制不能防止决策失误或判断错误，不能防止阻碍实现运营目标的外部事件。对于这些目标的实现，只有在管理部门和董事会密切关注

并及时了解组织目标实现程度的情况下，内部控制才能提供合理保证。

(2) COSO内部控制框架的目标

根据COSO框架，内部控制是一个过程，受机构的董事会、管理层以及其他人员的影响，设计内部控制是为以下类别的目标实现提供合理的保证：

①运营目标：运营的效果和效率。所谓效果，就是实现组织目标的程度，比如组织是否能取得盈利、利润的多寡等。所谓效率，是指一定的资源投入所带来的产出量。资源包括人力、物力、财力和时间等，产出则指实际完成的产量、利润、工作量或其他可测量的成果。一定的投入量带来的产出越多，或一定的产出投入的资源越少，效率就越高。

②报告目标：财务报告的可靠性。财务报告是综合反映组织经营效果和效率的文件，同时也是组织风险控制的重要依据，因此，财务报告应当是可靠和完整的。可靠一般指财务报告所反映的内容是真实的，这样财务报告才是真正有价值的。完整是指财务报告全面、详尽地反映了组织资产负债状况和组织经营的情况，而不是有所保留或有所遗漏。财务报告不真实、不完整往往是组织的重要风险之源。

③合规目标：遵守适用的法律和法规。法律法规和合同的执行情况可以从多个方面反映组织的风险。一方面，违反法律法规和合同，可能给组织带来较高的违法或违约成本，如可能会面临索赔、罚款甚至停业的处罚。另一方面，违反法律法规和合同的行为，可能隐含着对组织资产或股东利益更为严重的危害，如转移资产和破坏组织信誉等。

(3) COSO内部控制框架的要素

内部控制的要素包括控制环境、风险评估、控制活动、信息与沟通、监督，这五个要素对于实现经营目标都很重要，每个要素都与三个目标互相影响。五个相互管理的要素，从管理层运营的业务中产生，并纳入到管理中。

①控制环境。任何组织内部控制结构的基础就是COSO所称的内部控制环境，它处于内部控制要素的末端，是最根本的要素。控制环境指董事会和管理层对组织内部控制重要性的态度和措施。控制环境为达到内部控制体系的主要目标提供规范和框架。控制环境包括以下要素：

- 诚信和职业道德价值观；
- 管理层的理念和经营风格；
- 组织结构；
- 权力和责任的划分；
- 人力资源政策和实务；
- 人员的胜任能力。

②风险评估。这是在既定的经营目标下分析并减少风险。这一环节是COSO内部控

制整体框架的独特之处。组织实现目标的能力因各种内/外部因素而存在风险，组织要让风险评估过程发挥作用，从而评价对各种目标的实现有影响的潜在风险。COSO 将风险评估描述为以下三个方面：

- 估计风险的重要性；
- 评估风险发生的可能性或频率；
- 考虑如何管理风险以及评估应采取哪些措施。

③控制活动。控制活动是确保管理层的指令得以执行的政策及程序，是管理层识别和评估风险后，对控制这些风险所实行的针对性措施。政策通常回答必须做什么事情，而程序则回答具体应该怎样做的问题。控制活动存在于组织的各个层面，在许多情况下，它们相互之间是重叠的，因此企业控制活动的设计必须进行成本和收益的权衡，此外，控制活动还应尽可能用书面方式予以规定和沟通。

④信息与沟通。它是整个内部控制系统的生命线，为管理层监督各项活动和在必要时采取纠正措施提供了保证。内部控制涉及组织的各个环节和各个方面，特别是涉及管理层的态度、管理层对风险的看法和对控制措施的配合，甚至可能涉及一些利益团体或项目团队的集体态度。因此，广泛的信息来源和相关人员之间的充分沟通与理解是内部控制中十分重要的工作环节。企业不仅应当致力于提升内部沟通的有效性，以便控制责任人能够履行其职责，还应关注与企业外部的沟通问题，外部沟通（如客户、供应商、审计师等）有助于管理层建立企业目标，向外传递企业理念和工作标准，并从外部了解内部控制的运行状况。

⑤监督。整个内部控制过程，包括风险评价和控制措施，本身都必须处于有效的监控之中，并根据具体情况进行及时的动态调整，以提高内部控制的准确性、有效性和控制效率。持续监督活动在运营过程中发生，它包括例行的管理和监督活动，以及其他员工为履行其职务所采取的行动。评价的范围和频率视风险的大小及控制的重要性而定。监督的实施途径通常是内部审计。

（4）内部控制的原则

在 COSO 框架中，确立了 17 项原则代表与每个控制要素相关的基本概念，这些原则直接从控制要素中提炼，每个控制要素的原则如下：

控制环境

①组织对正直和道德价值观做出承诺。

②董事会独立于管理层，并对内部控制的推进和成效进行监督。

③管理层在委员会的监督下，围绕其目标建立健全组织架构、汇报关系以及合理的授权和责任机制。

④组织对吸引、发展和保留认同组织目标的人才做出承诺。

⑤组织本着实现其目标的宗旨，让员工各自担负起内部控制的相关责任。

风险评估

⑥就识别与评估与其目标相关的风险，组织做出清晰的目标设定。

⑦组织对影响其目标实现的风险进行全范围的识别和分析，并以此为基础来决定应如何管理风险。

⑧组织在对影响其目标实现的风险进行评估时，考虑潜在的舞弊行为。

⑨组织识别和评估可能对内部控制体系造成较大影响的改变。

控制活动

⑩组织选择并开展控制活动，将风险对其目标实现的影响降到可接受水平。

⑪针对（信息）技术，组织选择并开展一般控制活动以支持其目标的实现。

⑫组织通过合理的政策和确保其得以贯彻执行的程序来开展控制活动。

信息与沟通

⑬组织获取或生成信息，并使用相关的、优质的信息来支持内部控制发挥作用。

⑭组织在其内部沟通传递包括内部控制的目标和责任在内的必要信息以支持内部控制发挥作用。

⑮组织与外部相关方就影响内部控制发挥作用的事宜进行沟通。

监督

⑯组织选择、推动并实施持续和/或独立的评估以确认内部控制的要素是存在且正常运转的。

⑰组织及时评价内部控制的缺陷，并视情况与那些负责采取纠正措施的相关方（包括高级管理层、董事会）进行沟通。

(5) 内部控制的责任

管理层、董事会对于建立并确保有效的内部控制承担不同的责任。管理层对内部控制系统承担最终责任，对系统有所有权。管理层对董事会负责，董事会负责监督指导。其他人员负责提供内部控制系统的有关信息，以及与上级沟通运营中的问题，如舞弊问题等。

注意责任人中不包括内部审计师，内部审计师负责确保有效的、合理的内部控制系统，评价控制系统，监督角色。

5.3.4 其他内部控制框架

除了 COSO 内部控制框架以外，本节讨论其他 5 个控制框架或模型，包括加拿大的控制标准（CoCo）、英国议会的关于公司治理财务方面的 Cadbury 报告、英国的 Turnbull 模式、巴塞尔协议Ⅲ标准、南非的 King 模式、德国的 KonTraG 模式。

(1) CoCo 模型

CoCo 模型是由加拿大注册会计师协会（CICA）的标准委员会在 COSO 模型的基础

上，发布了一个20条的“控制标准”，作为对控制进行判断的框架。

CoCo对控制的定义是：“组织的要素，包括组织资源、系统、流程、文化、结构和任务，这些要素合在一起支持人们实现组织的目标”。它界定的目标包括：

- 运营的效果和效率；
- 内部与外部报告的可信赖性；
- 对现行法律法规和内部政策的遵循性。

CoCo模型被分成4个组成部分，并可细分为20条标准，这些组成部分和20条标准如下。

①宗旨。

第一条：组织应建立目标并在组织内传达。

第二条：组织应确定并评估在其实现目标的过程中所面对的各种内部和外部的重大风险。

第三条：组织应制定、传达并执行那些能帮助组织实现其目标、管理其风险的各种政策。这样人们将会明确组织对他们的期望以及他们做事的自由度。

第四条：组织应制定并传达能够指导组织实现其目标的各种计划。

第五条：目标和相关的计划应包括可以测量的绩效目标和指标。

②约定。

第六条：组织应建立并在组织内传达和实施共同道德价值观，如诚实。

第七条：人力资源政策和实务应与组织的道德价值观相一致，并有利于实现组织目标。

第八条：应明确界定权力、职责和责任，并与组织的目标相一致，以便由适当的人员作出决策、采取措施。

第九条：应在组织中培育一种互信的氛围，以便信息能够在人们之间顺畅地传递，并有助于实现组织目标。

③能力。

第十条：员工应具备必要的知识、技能和工具来支持组织目标的实现。

第十一条：沟通程序应支持组织的价值观并有助于组织实现目标。

第十二条：应界定何为充分且相关的信息，并及时沟通信息，以使人们能够履行他们的职责。

第十三条：组织中不同部门的决策和行动应当相互协调。

第十四条：控制活动是组织中不可或缺的部分，在设计控制活动时应考虑组织的目标、实现组织目标的风险，以及控制要素之间的相关性。

④监控和学习。

第十五条：组织应监控外部和内部的环境因素，以便获得那些能够表明需要对组织的目标和控制进行重新评估的信息。

第十六条：应根据组织目标和计划中确定的目标和指标来对绩效进行监控。

第十七条：应定期对组织目标和制度建立的假设前提进行质询。

第十八条：当组织目标改变了或确定了报告缺陷时，应重新评估信息需求和相关的信息系统。

第十九条：应建立和实施跟踪程序，以确保进行适当的改变，采取适当的措施。

第二十条：管理层应当定期评价组织中控制的有效性，并将评价结果告知对控制负责的人员。

(2) Cadbury 模型

Cadbury 模型是由英格兰及威尔士特许会计师协会（ICAEW）于 1994 年发布的。Cadbury 模型的组成部分如下：

①控制环境。控制环境主要是指公司董事、管理层及雇员等所有包含在组织内部控制中的人员的态度和行为。

②识别和评估风险与控制目标。应及时识别并分析出与组织相关的商业风险，结合组织目标确定控制的目标。

③信息与沟通。信息与沟通包括绩效指标、信息系统及其他相关系统能够保证恰当的信息与对应的工作人员之间的顺畅沟通，从而使工作人员能够恰当履行职责。

④控制程序。控制程序包括相关的政策和程序或控制活动来帮助管理层开展管理，并保证合规责任的履行。

⑤监督与纠正措施。监督流程，用于确保内部控制系统的有效运行，并及时反映控制中的变化和控制缺陷，及时采取纠正措施。

(3) Turnbull 模式

伦敦股票交易所制定了针对公司治理的联合规则，该规则要求公司董事至少每年要对内部控制系统的效果开展检查，并向股东报告他们所检查的三种控制类型和效果，包括财务控制、运营控制以及合规性控制。Turnbull（特恩布尔）把风险管理、内部控制和商业目标联系起来，指出：

- 风险管理是企业每个人的责任；
- 董事会应当在获得信息和作出承诺的基础上仔细检查公司制度的有效性，并在遇到风险时作出快速反应；
- 强调了内部审计的职能，以确保公司经营目标的实现。

与 COSO 相比，Turnbull 更倾向于保护股东利益，更强调风险。Turnbull 的组成包括：控制环境、控制活动、信息与沟通过程、监督内部控制系统持续有效性的过程。同时指出，内部控制系统应当：

- 嵌入公司的经营中，并成为其文化的一部分；
- 能够对由公司内部因素引发的业务风险以及商业环境的变化迅速作出反应；
- 报告程序将确认的重大控制缺陷以及正在采取的纠正措施和适当层级的管理者

报告。

(4) 巴塞尔协议Ⅲ

巴塞尔协议Ⅲ(The Basel Ⅲ)是一套自愿性改革措施，旨在加强银行业的规范、监督和风险管理。这些标准是2008年全球金融危机的结果。该框架由巴塞尔银行监管委员会(BCBS)制定，目的是通过规范银行与其他机构的关系，保护银行免受未来危机的可能性。

该标准包括适用于国际活跃银行的最低要求。它们要求银行提高资本充足率，以便持续向有信用的机构放贷，即使在压力和经济不稳定时期也是如此。巴塞尔协议Ⅲ改革措施旨在：

- 提高银行业吸收金融和经济压力冲击的能力，无论其来源如何；
- 改善风险管理和治理；
- 加强银行的透明度和披露。

巴塞尔协议Ⅲ包括三个支柱，分别是最低资本要求、监管当局的监督检查以及市场约束。最低资本要求涉及与信用风险、市场风险和操作风险有关的最低资本要求的计算。监管部门的监督检查是为了确保各银行建立起合理有效的内部评估程序，用于判断其面临的风险状况，并以此为基础对其资本是否充足做出评估。市场约束规定了银行的信息披露要求，以公布其资本和风险管理的某些细节，从而加强市场纪律。市场纪律具有强化资本监管、提高金融体系安全性和稳定性的潜在作用。

(5) King 模式

南非的董事协会建立了有关公司治理的King委员会，并在1994年发布了King报告。该委员会还制定了公司实务和行为准则，遵循该项规则是约翰内斯堡股票交易(JSE)和证券交易所列明的要素。

(6) KonTraG 模式

1998年，德国政府提议对公司治理改革进行变革。KonTraG模式影响了业务控制的透明度。特别是它对董事会、监督委员会、公司资本化原则、股票票面值分享、小型非上市股票公司、对工业公司的银行投资，以及国际公认会计标准的接受，都会产生影响。

5.3.5 信息技术控制模型

随着信息技术的普及，绝大多数组织理解其对于达成经营目标所做出的贡献，同时也理解经营职能对于信息技术的依赖所带来的风险。如同企业风险管理需要COSO框架那样，对信息技术的风险管理需要信息技术控制框架。

（1）GAIT

GAIT是IIA"基于风险的信息系统控制评价指南"的简称。GAIT是一套原则和方法，可以帮助评价企业信息系统控制的成本收益以及效率效果。GAIT方法是风险导向方法，用于评估《萨班斯法案》404条款要求的作为管理层内部控制评估中信息技术一般控制的范围。

GAIT包括了四项原则：①对信息系统控制程序风险和相关控制点的识别应该保持自上而下的连续性，并且利用一种风险导向的方法来识别关键的账户、这些账户存在的风险，以及在业务程序中的关键控制点。②需要识别的信息系统控制程序的风险，应该是那些对财务处理及相关财务信息产生重要影响的关键信息系统功能。③信息系统控制程序的风险需要在不同的程序以及不同的信息系统层面上进行识别：运行程序代码、数据库、操作系统，以及网络。④信息系统控制程序的风险只可能通过达到信息系统控制目标得到降低，而不会因为个人的控制而减少。

GAIT的四个原则并没有形成一个具体的控制框架，也没有包含一些具体控制的目标，但它提供了一个标准，用以帮助管理层以及内部审计人员在一个一致的基础上，考虑相关的信息系统控制点。

在这四项基本原则之下，GAIT提供了一套方法，旨在为管理层以及内部审计人员提供关于信息系统控制方面的指导，并保证信息系统控制的健全性和适当性。GAIT的这一套方法事实上是原则的扩展，它介绍运用这些原则的详细过程，也提供了一些案例。此外，这些方法可以帮助企业检查信息系统中各个重要的财务处理程序，并用以判别在企业信息系统框架中，各个层面的信息系统控制程序上的错误是否对系统运行的一致性造成威胁。如果确实可能存在错误，GAIT详细介绍了信息系统控制程序中的风险以及相关信息系统控制目标（当达到这些目标之后，风险将会减少）。

GAIT的实施程序通过解决三个问题来指引管理层和审计人员：①在重要财务处理中，哪些信息系统机能是预防或识别错报的关键控制点。②在信息系统各个层面上的信息控制程序中，是否可能存在程序上的错误造成关键信息系统机能的失效，进一步造成错报风险的发生。③如果信息系统控制风险确实存在，那么相关的信息系统控制目标是什么。但同时，IIA强调，在利用GAIT时，必须记住：GAIT只能为在合理范围内的控制提供帮助。

（2）ISACA

ISACA是国际信息系统审计和控制协会的简称。ISACA为使用信息系统的所有企业提供实务指引、基准和其他有效工具。其中，COBIT、Val IT和Risk IT是受到全球专业人员遵守和使用的框架。在2011年末，ISACA将COBIT、Risk IT和Val IT合并成一个新的COBIT 5.0版。目前，ISACA的COBIT和相关框架是全球私营部门主要采用的框架。

①COBIT。COBIT 由 ISACA 开发，通过提供一个框架来确保 IT 与业务保持一致、IT 使业务正常运转并使企业获得最大效益，以及负责任地使用 IT 资源和妥善管理 IT 风险，从而支持 IT 治理。COBIT 是国际上公认的最先进、最权威的安全与信息技术管理和控制的标准。

COBIT 将 IT 流程、IT 资源及业务需求联系起来，形成一个三维的体系结构（见图 5－9）。

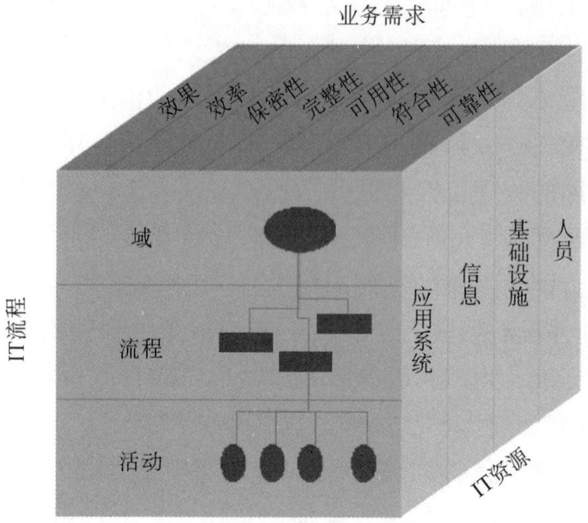

图 5－9　COBIT 框架

其中，业务需求集中反映了企业信息系统的战略目标，主要包括效果、效率、保密性、完整性、可用性、符合性和可靠性；IT 资源主要包括应用系统、信息、基础设施和人员，这是 IT 治理过程的主要对象；IT 流程则是在业务需求的指导下，对信息及相关资源进行规划与处理，从计划和组织、采购和部署、交付和支持、监控和评价四个域确定了若干个处理流程，每个流程还包括更加详细的活动。

计划和组织域涵盖战略和战术，关注识别信息技术如何为达成经营目标做出最大贡献。战略目标的实现需要计划、沟通和管理，应当落实适当的组织以及技术架构。该域一般针对下列管理问题：

- 信息技术和经营战略是否一致；
- 企业是否最优化地利用其资源；
- 组织中的每个人是否理解信息技术目标；
- 信息技术风险是否被理解和管理；
- 信息技术系统的质量是否适合经营需要。

采购和部署域认为，为了实现信息技术战略，需要识别、开发或购买信息技术方案，并部署和融入经营过程。而且，该域涵盖现有系统的变化和维护，确保方案持续满足经营目标。该域一般针对下列管理问题：

- 新项目是否可能交付满足经营需要的方案；

- 新项目是否可能在预算内按时交付；
- 新系统部署后能否正常工作；
- 在不扰乱现有经营运作的前提下是否可以实现改变。

交付和支持域关注购买服务的真实交付情况，包括服务交付、安全和持续性管理、用户服务支持，以及数据和运行设施的管理，该域一般针对下列管理问题：

- 信息技术服务是否按照经营优先顺序交付；
- 信息技术成本是否为最优化的；
- 工作人员能否富有成效地和安全地使用信息技术系统；
- 是否为信息安全提供了充分的保密性、健全性和可用性。

监控和评价域认为，所有信息技术过程都需要定期评估其质量和控制要求的合规情况。该域针对绩效管理、内部控制监控、合规，以及治理。它一般针对下列管理问题：

- 信息技术绩效是否及时发现问题并进行评价；
- 管理层是否能确保内部控制是有效和高效的；
- 信息技术绩效是否与经营目的挂钩；
- 是否为信息安全提供了充分的保密性、健全性和可用性。

COBIT 是一个非常有用的工具，也非常易于理解和实施，可以帮助在管理层、IT 审计之间交流的鸿沟上搭建桥梁，提供了彼此之间沟通的共同语言。

COBIT 具有广泛的用途，不但可以作为信息化建设过程的考察标准，也可以作为 IT 建设单位日常工作的重要参考，同时还可以作为 IT 软件/硬件开发商、供应商、代理商、咨询服务商开发产品、提供服务的重要参考。所有为信息化建设提供服务的有关单位，在进行产品设计开发、实施服务时，都可以参照 COBIT 的概念、框架、过程，为客户提供符合过程标准的产品和服务，努力帮助客户达到更高的建设成熟度水平，获得更完美的建设成果。

②Val IT。Val IT 是一种治理框架和辅助出版物，针对信息技术条件下实现的经营投资的治理。Val IT 包括一套指导原则。符合这些原则的许多过程进一步被规定为一套关键管理实务。Val IT 框架由出版物、操作工具提供辅助，并为以下事项提供指引：

- 规定信息技术与经营和在组织中承担治理责任的职能之间的关系；
- 管理信息技术条件下实现的经营投资的投资组合；
- 最大化信息技术条件下实现的经营投资的经营事例的质量，尤其是强调关键财务指标的定义、软利益的量化以及不利风险的全面估价。

Val IT 针对与信息技术条件下实现的经营投资的均衡化投资组合有关的假设、成本、风险和结果。它还提供基准评价能力，并允许企业交换价值管理方面的最佳实务的经验。

③Risk IT。Risk IT 是一套帮助企业识别、治理和有效管理信息技术风险的指导原则和框架。信息技术风险（与信息技术的利用相关的经营风险）经常被忽视。其他经营风险，如市场风险、信用风险和运营风险早已融入公司决策过程，而信息技术风险却

由给董事会之外的技术专家负责，尽管其与其他经营风险一样属于同一个风险类型，即未能达成战略目标的风险。

Risk IT、Val IT 和 COBIT 之间的关系参见图 5－10。

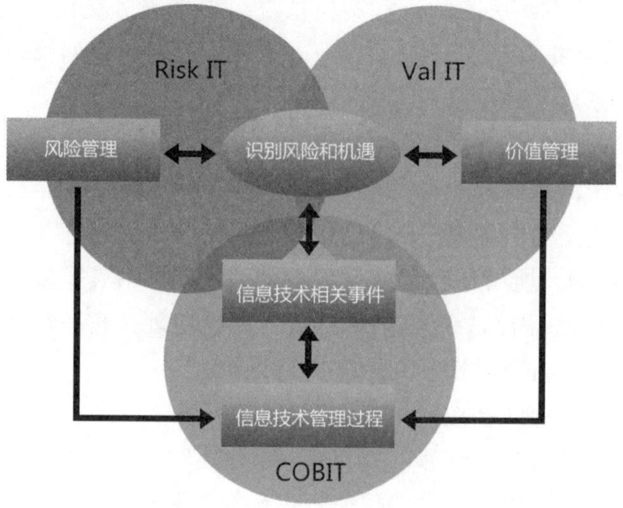

图 5－10　Risk IT、Val IT 和 COBIT 之间的关系

（3）NIST SP 800－37

除了 ISACA，美国国家标准和技术研究院（NIST）也开发了一种风险管理框架，称作 NIST SP 800－37。图 5－11 所列的风险管理框架（RMF）提供了严谨和结构化的过程，将信息安全和风险管理活动融入系统开发生命周期。

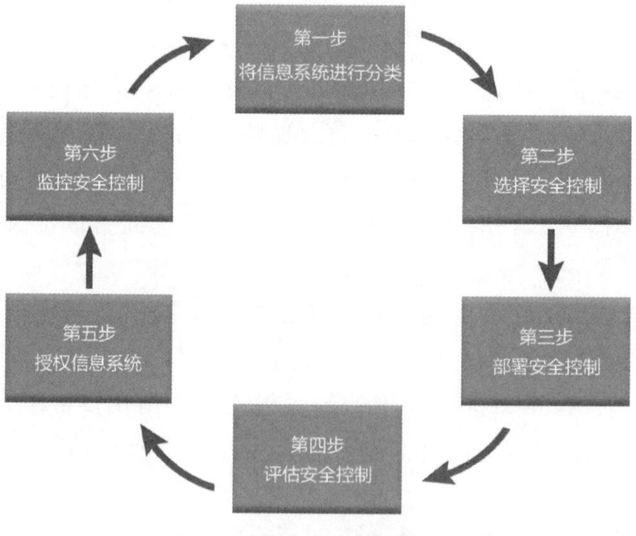

图 5－11　NIST 800－37 风险管理框架

RMF 步骤包括：

①根据影响分析，将信息系统和系统处理、存储和传输的资料分类。

②根据安全类型，为信息系统选择一套初始基准安全控制；根据组织的风险评估和实际情况，修改和补充该安全控制基准。

③部署安全控制，并规定如何在信息系统内部部署这些控制，以及这些控制的操作环境。

④采用适当评估程序评估这些安全控制，确定控制被正确部署的程度，以及产生满足该系统的安全要求的期望结果的程度。

⑤根据信息系统的操作带给组织的运营和资产、人员、其他组织和国家的风险，以及该风险可接受的决策，授权信息系统操作。

⑥持续监控信息系统的安全控制，包括评估控制有效性、记载对系统或其操作环境的变更、执行相关变更的安全影响分析，以及向指定的组织负责人报告该系统的安全状态。

5.3.6 内部审计在控制中的作用

《标准》第2130条指出："内部审计部门必须评估控制的效果和效率，并促进控制持续改进，从而协助组织维持有效的控制。"根据风险评估的结果，内部审计活动应该围绕组织的治理、运营和信息系统等风险的控制的适当性和有效性开展评价，包括：

- 组织战略目标的实现；
- 财务与运营信息的可靠性与完整性；
- 运营和程序的效率与效果；
- 资产的安全；
- 对法律、法规、政策、程序及合同的遵循情况。

(1) 内部审计人员在控制中的作用

内部审计师应该确定已建立的运营和程序的目标、目的的程度，并确定它们是否和组织的目标、目的保持一致。

内部审计师应该审核运营和程序，确定其结果与既定的目标、目的保持一致的程度，从而确定运营和程序是否按设想在执行和实施。

评价控制需要适当的标准。内部审计师应该确定管理层已制定的适当标准的程度，从而确定控制的目标、目的是否实现。如果标准适当，那么内部审计师应该在其评价中运用这些标准；如果标准不适当，则内部审计师应该和管理层进行讨论并确认适当的标准。

在咨询业务期间，内部审计师应该关注与业务的目标相一致的控制，并且应该对存在的任何重大控制薄弱环节保持警觉。

内部审计师应该将在咨询业务中对控制的了解结合到发现和评价组织的重大风险暴露的过程中去。

(2) 执行时的考虑因素

通过执行《标准》2130，首席审计官和内部审计部门最终应当从根本上了解组织的控制流程，提醒管理层关注新的控制问题，提出纠正和监督的建议和措施。内部审计部门应获得足够的信息来评估组织控制流程的有效性。

控制旨在降低组织、活动和交易层面的风险。对控制有效性的恰当评估需要在每个层面评价与目标对应的风险的控制。风险控制矩阵有助于内部审计师进行此类评估。表5－2提供了一个相对简单并包含了风险分析基本要素的风险控制矩阵。这样的矩阵可以帮助内部审计部门：

- 确定目标和阻碍实现目标的风险；
- 确定风险的重要性，同时考虑其影响的严重程度和发生的可能性；
- 确定对重大风险的适当应对（回避、预防、保留和转移）；
- 确定用于管理风险的关键控制；
- 评估控制设计的充分性，以帮助确定是否需要对控制效果进行测试；
- 对被视为设计充分的控制进行测试，以确定它们是否按预期运行。

表5－2　　风险控制矩阵样表

目标	固有风险	影响/可能性	控制	充分性评价（控制设计）	有效性测试（控制执行）	最终评价

在采用风险控制矩阵时，内部审计部门可以通过面谈管理层、检查组织的计划、政策和流程、穿行测试、调查、内部控制调查问卷和流程图等方法获取有关控制设计充分性的信息，并利用检查、确认、持续审计和数据分析来测试控制效果。

为评估控制的效益，内部审计部门通常须确定管理层是否对控制成本和收益进行了测算和监督。这包括确定控制过程中使用的资源是否超过收益，以及控制流程是否会导致重大业务问题（例如，错误、延迟或重复工作）发生。

内部审计师须评估控制水平与针对的风险是否适当。风险控制图是许多内部审计师用来表现风险和控制关系的形象化的工具，它以图示方式显示了风险程度和控制效果。

为持续改进并维护有效的控制，内部审计部门通常会向董事会和高级管理层提供整体评估或由单项审计业务汇总的控制评估结果。如果组织尚未建立控制框架，首席审计官可推荐采用某个框架。此外，内部审计师可以提出改善控制环境的建议（如提倡道德行为的文化和对不合规的低容忍度的高层基调）。

内部审计部门采取的促进控制有效性持续改进的措施还可以包括：

- 提供关于控制和持续自我监督过程的培训；
- 推动管理层的控制（或风险和控制）评估会议；
- 帮助管理层建立合理架构，对组织控制的设计和运营进行记录、分析和评估；

- 协助制定识别、评估和弥补控制缺陷的流程；
- 帮助管理层及时掌握有关控制要求的最新案例和法律法规；
- 跟踪可能有助于控制效率和效果的技术进步。

5.4 内部审计的其他战略作用

进行战略化管理的组织认识到经营不仅是各职能部门表面上的连接，它们还通常是企业作为整体完全整合、相互依存的部分。职能部门的策略必须与组织战略保持一致。组织的风险管理方法必须立足于整个企业范围。

5.4.1 三道防线的战略定位

在组织中，有效的风险管理和控制往往由多个管理职能共同承担，其中包括内部审计师、企业风险管理专家、合规检查官、内部控制专家、质量审核员、舞弊调查人员等。这些职能都与风险管理及控制相关，且每一个职能都可以协助组织管理风险。但是，每一个职能又有各自不同的专业领域，且分布在不同的部门和业务单元，它们之间的相互协助对于实现有效的风险管理和控制至关重要。因此，对各个相关职能及工作人员清晰的责任界定非常重要，有助于各个职能明确其职责范围、边界以及其自身在企业整体风险管理和控制框架中的位置，防止出现各个职能均未覆盖的领域，或者各个职能之间存在重复或冲突的领域。

目前，一些业界的最佳实践经验已经能够帮助组织有效并系统地分配各个风险管理和控制职能角色，实现互相之间的协作。其中，三道防线模型提供了一个简单、清晰、有效的框架来帮助组织。三道防线模型适用于各类组织，甚至适用于一些尚未建立正式的风险管理和控制框架的组织。三道防线模型也能帮助组织明确各个风险管理和控制职能的职责，提升风险管理和控制的效果。

（1）三道防线模型

在三道防线模型中，第一道防线是运营管理层，第二道防线是组织中的各类风险管理、内控、合规职能，第三道防线是拥有独立地位进行确认活动的内部审计职能。三道防线中的每一道都在组织的宏观治理构架中扮演着独特的角色（见图5－12）。

虽然组织的治理机构、董事会、审计委员会或高级管理层并没有在三道防线模型的任何一层中承担角色，但任何关于风险管理和控制的讨论和决策都离不开他们的参与。董事会和高级管理层是各道防线的主要“利益相关方”，他们能最有效地帮助三道防线模型在风险管理和控制过程中发挥作用。

虽然外部审计师、政府及其他监管机构存在于组织的架构之外，但它们仍然扮演着

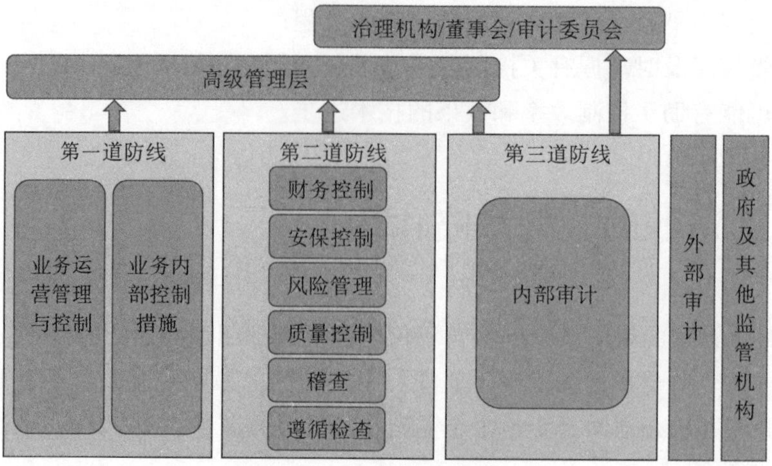

图 5-12　三道防线模型

非常重要的角色，在一些受监管的行业尤其明显，如金融服务业和保险行业。在组织内部的各道防线形成有效协作的情形下，它们往往被考虑成组织的附加防线，为组织的利益相关方提供评估服务。考虑到其独特的范围和任务，这些外部防线相对于内部防线在获取组织的信息方面将受到一定程度的限制。

①第一道防线：业务运营管理层。作为三道防线中的第一道，运营管理层对风险管理和控制承担着直接的责任，同时，他们也负责执行流程以及问题的纠正和改进。运营管理层负责风险管理和控制在日常业务运作中的有效实施，承担的责任如下：

- 识别、评估、控制和处理风险；
- 监督内部政策和流程的执行；
- 保证各项措施对企业或组织经营目标的有效支撑。

随着组织的架构向下延伸，中层业务管理者开始负责设计和实施具体的流程，以保证和监督基层员工对公司政策和流程的有效执行。

运营管理层之所以被定义为三道防线模型中的第一道，是因为风险管理和控制被设计和嵌入到他们所管辖的业务、系统或流程中，需要有相应的职能来管理和监督这样的机制是否在业务和流程中真正被有效执行，以及发现可能的控制缺失、流程缺陷及其他不可预期的风险事件发生。

②第二道防线：风险管理和其他合规部门。理想状况下，只需要第一道防线便可以有效地管理企业风险，但在现实情况中，单层防线往往是不够的。因此，组织会建立各种与风险管理以及控制相关的职能来支撑第一道防线，虽然具体建立哪些职能因组织和行业而异，但大致包括：

- 协助管理层制定政策、定义角色和职责、制定目标；
- 提供风险管理框架；
- 识别已知或新兴风险；
- 识别企业风险接受程度的变化；

- 协助管理层设计管理风险和问题的流程、制度、控制机制；
- 提供关于风险管理流程的指导和培训；
- 促进和监督业务运营管理层执行有效的风险管理措施；
- 提醒业务运营管理层新兴的业务风险和法律法规的最新变化；
- 监督业务内部控制的充分性、报告机制的准确性和完整性、对法律法规的合规性、内控缺陷纠正的及时性。

③第三道防线：内部审计。内部审计在组织中具备高度的独立性和客观性，可以为董事会和高级管理层提供综合的确认服务，这种高度的独立性和客观性是第二道防线职能部门所不具备的。内部审计对企业治理、风险管理和内部控制的有效性提供独立的确认，包括第一道和第二道防线是否达到了风险管理和控制的目标。

内部审计是公司治理的四大基石之一，特别在小型组织中显得更加重要，因为小型组织与大中型组织一样面临着复杂的经营环境，但是它们的组织结构以及流程相对欠成熟，难以保证对风险的有效管理。

（2）三道防线间的关联协助

每个组织的经营环境不同，因此没有一个统一的正确模式可以保证三道防线实现良好的协作。所以，在考虑各个职能部门的具体职责时，需要铭记各个职能部门在风险管理流程中的角色（见表5-3）。

表5-3　　职能部门的具体职责

	第一道防线	第二道防线	第三道防线
职能部门	业务运营管理者	风险管理和其他合规部门	内部审计
职责	风险的管理责任人	风险控制和合规控制	风险确认
独立性	不独立	不完全的独立性	更高的独立性
报告关系	向高级管理层报告	向高级管理层报告	向公司治理机构报告

组织的规模以及经营复杂程度是不同的，在一些小型的组织中，可能将不同防线的职能或部门进行整合，例如，第三道防线的内部审计经常被要求负责组织的风险管理或内部控制职能，在这种情况下，内部审计需要与董事会和高级管理层进行沟通，明确这样做可能产生的影响。如果一个职能部门或个人承担了三道防线中的多个角色，那么采取适当的职责分离有助于形成三道不同的防线。当组织中存在三道各自分离且有清晰定位的防线时，将实现最优的风险管理效果。

无论三道防线模型如何被执行，董事会和高级管理层需要与各类职能部门沟通，传达对它们的期望，以及给它们共享必要的业务信息。根据IPPF的规定，为保证各自工作范围的合理性以及防止工作的重复，首席审计官尤其需要与其他各个内部或外部风险管理及内控部门分享信息及沟通协作。

5.4.2 内部控制和风险管理成熟度评估

成熟度评估是一种总体评级。这类评级的目的是与客户沟通与内部控制和风险管理环境相关的状态结论。对于高级管理层和董事会，成熟度评估为利益相关方提供了在希望的最终状态背景下内部控制和风险管理环境的当前状态。

能力成熟度模型（CMM）常被用于评估内部控制和风险管理的成熟度。它以增量方式逐步引入变化，并分为五个等级：

(1) 成熟度等级一：简易级

处于最低级的组织，基本上没有健全的制度。每件事情都以特殊的方法来做。结果，大多数的行动只是应付危机，而非事先计划好的任务，具有不可预测性。

(2) 成熟度等级二：可重复级

在这一级，有些基本制度的设计、实施以及技术，是基于相似的管理经验，故称为“可重复”。在这一级采取了一定应对策略，这些应对策略是实现一个完备过程所必不可缺少的第一步，即管理人员在问题出现时便可发现，并立即采取行动，以防它们变成危机。关键的一点是，如没有这些应对策略，要在问题变得无法收拾前发现它们是不可能的。

(3) 成熟度等级三：已定义级

在第三级，已编制了完整的文档，管理过程和技术方面都明确地做了定义，并按需要不断地改进，而且采用充分适当的评估办法来保证管理的有效性。

(4) 成熟度等级四：可持续级或已管理级

一个处于第四级的公司对每个项目都设定质量和业务（或生产）目标。这两个量将被不断地测量，当偏离目标太多时，就采取行动来修正。利用统计质量控制，管理部门能区分出随机偏离和有深刻含义的质量或业务（或生产）目标的偏离。

(5) 成熟度等级五：优化级

一个第五级组织的目标是连续地改进过程。这样的组织使用统计质量和过程控制技术作为指导，从各个方面获得的知识将被运用在以后的项目中，从而使整个过程融入正反馈循环，使效率和质量得到稳步的改进。整个企业将会把重点放在对过程进行不断的优化上，采取主动的措施去找出过程的弱点与长处，以达到预防缺陷的目标。同时，分析各有关过程的有效性资料，作出对新技术的成本与效益的分析，并提出对过程进行修改的建议。达到该级的公司可自发地不断改进，防止同类缺陷二次出现。

成熟度评估表举例见表5－4。

表5-4 成熟度评估表举例

成熟度等级	描述
等级一：简易级	过程是临时性的 结果通常有赖于个人的努力和技能
等级二：可重复级	过程是： ● 非正式的 ● 没有良好沟通 ● 没有良好执行
等级三：已定义级	过程是： ● 充分正式的 ● 不总是被良好沟通 ● 执行得不一致 ● 不总是有效 ● 不总是高效
等级四：可持续级或已管理级	过程是： ● 正式的 ● 良好沟通 ● 良好执行 ● 有效 ● 不总是高效 ● 对于监控和关键绩效指标（KPI）而言，不总是最优的
等级五：优化级	过程是： ● 最优的 ● 有效 ● 高效 ● 最佳实务的典范（设计和执行） ● 有效监控的典范

5.4.3 变革管理

当组织成长迟缓，内部不良问题产生，无法应对经营环境的变化时，企业必须做出组织变革策略，将内部层级、工作流程以及企业文化进行必要的调整与改善管理，使得企业顺利转型。

（1）促进变革

任何一个组织都受到外部因素和内部条件变化的影响，这些变化都影响着组织的竞争能力，影响着组织竞争优势的维持，面对变化，只有不断地变革组织本身，才能持续地保持良好的竞争优势。

变革需要有相关人员主动推动，变革促进者承担这样的责任。变革促进者不一定是变革的发起者，可以来自于组织内部，也可以来自于组织外部。变革的对象可以是管理层、基层员工、产品、服务，以及与之相关的流程，因为组织中管理层必须首先认识到变革的重要性、必要性和紧迫性，才能主动变革，这样才能领导组织中的每一位成员积极参与变革管理。理想的情况是组织的管理人员成为变革的设计者和推动者，而不是变革的受害者。

在一些咨询项目中，内部审计师可以充当变革促进者的角色，但这一定要建立在内部审计师在相关领域不承担管理职责或没有利益冲突的前提下。在确认业务中，内部审计师首先应该了解那些正在进行中的变革或者曾经参与过的变革。如果正在启动一项重要变革，那么审计师可以对变革管理的流程进行评估。评估流程应该特别关注风险和控制，一个无效果的变革流程可能会产生大量的控制缺陷。

(2) 变革模式

组织开展变革的方式包括流程再造、外包非战略获得、与主要的供应商和客户结成战略伙伴关系、实行全面质量管理、重新设计组织的结构以适应商业战略、翻新实物厂房和设施、安装基于计算机的系统、采用绩效测评方法和奖励系统等。

变革管理的内容包括战略式变革、组织结构变革、技术变革、流程再造（流程变革）、文化变革等。

①战略式变革。转变企业生产经营和长期发展的战略和目标，这是企业变革管理的中心，这种战略变革的前提是企业长期发展的目标也随之转变，从而导致企业的组织、产品、服务、流程、市场发生根本性变革。企业的战略变革往往具有创新性和革命性。

②组织结构变革。企业组织结构的变革大多是由内部和外部环境因素引发的。外部因素包括政治经济形势、市场环境、企业并购重组、客户需要等；内部因素包括新产品的生产和营销、人员结构和技术状况的变化等。组织结构变革使得原有的金字塔形组织结构向扁平化结构转变，企业可以通过改变组织内部结构，改变组织效率低下、人浮于事、沟通困难的状况，从工作的分工、授权、管理层次以及沟通效率方面进行调整和设计。

③技术变革。技术变革是由于经济环境发生变化，导致需求变化而产生的，生产技术的变革必然引发管理技术的变革。因此，技术变革包括生产技术和管理技术的变革。企业为了取得竞争优势，必须不断研发新的技术和产品，淘汰过时的技术、产品和生产线，这种变革包括产品、技术、品牌、质量的创新。这些将带来产品的更新换代，甚至企业的转型。

④流程再造。流程再造基于对组织的一些基本问题（如组织的宗旨、组织的战略目标和组织的市场目标等）的重新思考而进行的整体流程重新安排，以更加适应组织的宗旨和满足市场的需要。它要求对组织业务过程的整体和各个部分进行审查，并从一些基本战略出发，重新规划和安排组织的资源，并通过这种重新安排，力求达到整体突变的效果。

流程再造的一个基本认识是组织是由各个部门组成的整体，有些部门效率较高，有些部门效率较低。效率较高的部门可能会对组织业绩的改善起到某种作用。然而，即便是效率较高的部门，如果它的目标、任务或方向错了，它对组织的战略目标也无济于事。因此，流程再造并不局限于分别提高各部门或各岗位的效率，而是从整体上考虑这些部门或岗位的任务或职责。流程再造强调的是整体上的完全创新，而不是对现状进行调整或改进。它强调："重新开始做正确的事，而不是纠正已经发生或正在发生的错误的事。"也就是说，流程再造相当于在组织现有资源的基础上重新建立一个新的组织。因此，这样的组织变革会要求组织员工、最高管理层以及外部顾问在实施该变革中承担相应的责任。

⑤文化变革。企业文化是一个企业由其价值观、信念、习俗仪式、处事方式和企业环境组成的特有的文化形象。战略变革、结构变革、技术变革、流程变革势必带来企业文化的变革，企业文化变革的核心是价值观的变革。在企业变革过程中，由于权力差距缩小，以及不确定性的增加，企业文化在文化的维度上发生改变，企业的管理者必须引导全体成员建立新的价值观。落后的企业价值观往往以自我为中心，管理层次繁琐复杂、办事效率低、相互排挤和缺乏信任、个人利益高于一切。在这种背景下，企业无法进行有效的变革。管理者必须为企业建立新的价值观，以团队精神为核心，建立团队导向、成果导向、相互信任、分工明确、企业利益高于一切的企业文化是企业成功变革的重要保证。

（3）应对变革

组织高层往往推进变革，组织员工往往不抵制变革。员工因为处境糟糕，希望改善。组织中层往往最抵制变革，因为他们既不了解高层目标，也不了解下层员工情况。变革对组织和个人的影响导致抵制变革。阻力的表现形式很多，如失业威胁、现存工作组的分裂、担心工作关系变化等。造成阻力的原因主要有：

- 不确定性，变革会使已知的东西变得模糊不清和不确定，会使人产生风险感并可能怀有敌意；
- 关心个人得失，变革会使人担心失去既得利益；
- 变革不符合组织的目标或最佳利益。

当组织遇到变革的阻力时，可以通过以下方式克服抵制行为，以推动变革：

①沟通和教育。向员工说明变革的必要性，及变革后个人角色的变化，对个人担心的问题进行充分的交流，使员工理解变革方案。

②参与和投入。倡导员工在变革中参与讨论，并进行自我角色的转变和个人对新角色的设计等。

③协调和支持。对员工出现的积极行为和态度进行肯定，对员工在角色转换过程中出现的困难和努力给予支持和协助，安排时间进行培训指导，推动员工对新角色和新任务的适应与熟练。

④谈判和协议。对员工反映强烈的问题，可以通过谈判与协商的方法，对其进行妥善安排，尽可能降低冲突与矛盾。

⑤操纵和协作。对一些敏感问题可以分步骤、有计划地进行披露，以免所有的矛盾都集中在一个时间一种场合爆发，但必须对所有问题都有应对的方案和解决措施，以免员工产生受欺骗的感觉。

⑥明确或暗中胁迫。组织行为的最终保障是组织纪律的强制性。因此，在采取支持、协商和参与的同时，对难以达成协调意见的问题，只能采取组织的强制性来落实，当然要对抵触情况进行缓冲，对员工进行适当补偿。

5.4.4 提供治理、风险管理、控制和合规性的培训

首席审计官向高级管理层和董事会提供关于治理、风险管理、控制和合规性的最佳实务的培训，是为组织增加价值的一部分。

在一个致力于治理和风险管理的组织中，董事会和高级管理层提供监督和作出正确决定的能力可能受到各种因素的限制。例如：董事会成员可能没有足够的专业知识；高级管理层可能受到业务需要和实现目标的需要等驱动，不按优先等级来处理治理问题；董事会和高级管理层可能都不熟悉风险管理的原则。

首席审计官可以向董事会和高级管理层提供但不限于：

- 如何制定风险管理策略，如何持续监测和改善组织的风险管理；
- 影响组织的法律、法规和商业惯例，以及如何建立监督遵守相关政策的控制系统；
- 开展与组织的业务环境相关的研讨会，促进识别新的风险；
- 在董事会会议中阐述同行组织中所实施的治理和风险管理的最佳实务。

5.4.5 评估业务评测系统

内部审计的目的是为组织增加价值并提高组织的运作效率，通过确认和咨询服务，帮助实现组织目标。为了实现目标，组织必须制定一套业绩的测评系统，包括衡量的标准和测评的程序。内部审计部门一方面要对测评系统本身进行评估；另一方面要通过检查和评估工作，得出组织整体目标是否得到实现的审计结论。

内部审计部门对业绩测评系统的评估要包括如下内容：

①是否建立了业绩测评系统，如果没有，内部审计师应该建议建立，或与审计客户协商寻求双方都可接受的测评标准。

②业绩测评系统是否充分和可以接受，内部审计师应对系统的科学性、合理性和可操作性进行评估，如果测评的标准模糊，内部审计师应寻求权威性解释。

③业绩测评系统是否有效运行。根据对业绩测评系统的评估，内部审计师可以得出业绩测评系统是否可以被接受的结论。

内部审计师通过将审计发现的事实情况与组织所制定的整体目标相比较，来评估目标的实现情况，若存在差异，还应分析存在差异的原因及其影响。对业绩测评系统的充分性和整体目标的实现情况的评估结果应形成审计结论，通过审计报告发布给合适的对象。

5.5 典型模拟试题

1. 以下哪项不是内部审计活动在最佳实践治理活动中的作用？

A. 确保及时实施审计建议。

B. 支持董事会进行企业范围的风险评估。

C. 监督对公司行为准则的遵守情况。

D. 讨论重大风险领域。

2. 以下哪种行为最能说明一个企业承担了企业社会责任（CSR）？

A. 企业社会责任相关的活动只在该组织内部进行报告。

B. 董事会宣布在CSR方面采用ISO框架。

C. 生产管理人员被通知去审查和修改生产流程，以使其与组织的企业社会责任政策相适应。

D. 企业社会责任活动仅由第三方审计。

3. 根据COSO企业风险管理框架，以下哪类可能受到外部事件影响的风险，并非始终处于组织的控制之中？

Ⅰ. 战略。

Ⅱ. 运营。

Ⅲ. 报告。

Ⅳ. 合规。

A. Ⅰ和Ⅱ是对的。 B. Ⅰ和Ⅳ是对的。

C. Ⅱ和Ⅲ是对的。 D. Ⅲ和Ⅳ是对的。

4. 某组织应用了一种软件系统，要求监督员批准会造成资金交易员越权处理的交易。这是以下哪种控制类型的范例？

A. 预防性控制。 B. 检查性控制。

C. 软控制。 D. 指导性控制。

5. 三道防线模式通过澄清基本作用和职责，提供了加强风险管理和控制沟通的有效途径。根据这个模型，以下哪一项被认为是第一道防线？

A. 经营管理人员。 B. 高级管理人员。

C. 风险管理职能。 D. 内部审计活动。

1. 参考答案：A

解题思路：

A. 正确，管理层的作用是确保及时实施审计建议。内部审计活动负责及时制定程序，以监督审计建议的处理。内部审计活动与高级管理层和审计委员会合作，确保审计建议得到适当关注。

B. 不正确，内部审计活动执行此角色。董事会和管理层负责确定适当的风险模型和方法。

C. 不正确，内部审计活动应监督董事会和管理层制定的公司行为准则的遵守情况。

D. 不正确，内部审计活动负责讨论重大的财务、技术和运营风险以及最小化此类风险的计划。

2. 参考答案：C

解题思路：

A. 不正确，参照题解 C。

B. 不正确，参照题解 C。

C. 正确，一个活动的生产过程必须要纳入到企业的社会责任框架当中。有关活动的结果应向组织的内部和外部报告以满足各种利益相关方的需求，在 CSR 方面仅采取一个企业社会责任框架是不够的，同时，内部审计也应该参与审计组织的企业社会责任项目。

D. 不正确，参照题解 C。

3. 参考答案：A

解题思路：

外部因素包括：经济（价格提高、资本的可获得性）、自然环境（地震、水灾）、政治（政府更替、新法规）、社会（人口变化、风俗、生活方式）、技术（新电子商务）等。

Ⅰ. 正确，战略目标与高级的目的相关，支持并配合组织的使命 / 愿景。

Ⅱ. 正确，运营目标与组织经营的效率与效果相关，包括绩效与获利目标，其因管理层对组织结构绩效的选择而有所不同。

Ⅲ. 不正确，报告目标与组织报告的有效性相关，包括对内与对外报告及财务与非财务的信息。

Ⅳ. 不正确，合规目标与组织对于相关法律规章的遵循有关。

4. 参考答案：A

解题思路：

A. 正确，预防性控制是为了防止错误和舞弊的发生而采取的控制。典型的做法包括：对被审计单位的信用进行审核，职责分离、运用检查单、使用密码等。在装运商品之前批准客户赊账属于信用审核，所以是预防性控制措施。

B. 不正确，检查性控制是为了发现已出现的不利事项而进行的控制，它可以为管理层提供有关预防性控制有效性的反馈信息。例如，检查和比较、核对银行对账单、实物清点、对账等都属于检查性控制。

C. 不正确，软控制倾向于定性和主观，深受组织文化影响，属精神和态度因素。

D. 不正确，指导性控制是为了确保实现有利结果而采取的控制，各种政策、指南和手册都属于此类。

5. 参考答案：A

解题思路：

A. 正确，在有效风险管理和控制的三道防线中，运营管理是第一道防线。运营管理部门负责维护有效的内部控制，并负责日常执行风险和控制程序。

B. 不正确，高级管理层和理事机构是“线路”服务的主要利益相关方。

C. 不正确，风险管理和合规职能是第二道防线。该生产线的职责是帮助建立和/或监控第一道防线控制，以确保第一条生产线正确设计，并按预期运行。

D. 不正确，内部审计活动是第三道防线，根据组织内部的最高独立性和客观性，为理事机构和高级管理层提供全面保障。

读书笔记

第6章

舞弊风险

本章要点

- □ 舞弊知识要点
- □ 表明潜在舞弊的信号
- □ 舞弊风险管理
- □ 舞弊与内部控制
- □ 一般审计业务和舞弊调查业务

第6章 舞弊风险

舞弊所导致的损失之大，对组织造成的影响之深令人咋舌，因此防止和发现舞弊行为十分重要。美国注册舞弊审查师协会（ACFE）在2012年向联合国提交的《职业舞弊和职权滥用报告》中提到："组织因舞弊平均损失了其收入的5%，或造成全球估计3.5万亿美元的损失。令人不安的是，舞弊活动在被发现之前通常持续18个月。舞弊被发现最常见的是来自组织内部雇员的举报，只有3%的舞弊是由外部审计发现的。内部审计职能可以通过确认组织舞弊风险管理框架的有效性，并在特定的确认业务中，通过考虑潜在舞弊和控制的有效性，在管理组织的舞弊风险中发挥重要作用。"

IIA在《标准》中特别强调，希望内部审计师能够具备解决舞弊的识别和信息技术这两方面问题的能力。《标准》要求内部审计师掌握充足的知识，用于评估舞弊风险和组织管理这类风险的方式。在全球金融危机的影响下，低迷的经济形势为舞弊滋生创造了条件，而技术的进步，不仅可以用于制造舞弊，而且可以预防和检查舞弊。因此，IIA在《标准》和执行指南的基础上发布多项补充指南，帮助组织应对舞弊风险，包括《内部审计与舞弊》和《全球审计技术指南：自动化环境下舞弊的预防与检查》等，并通过培训、研讨会和发行出版物等方式，提高内部审计人员防范舞弊的意识，为内部审计师遵循《标准》提供总体指引，包括舞弊的相关内容、舞弊要考虑的问题、舞弊风险评估模型，并指出如何运用技术执行实时舞弊的预防与检查程序，以缩短确定到检查的时间，从而使组织降低成本。

在治理与内部审计中，要求内部审计师发挥内部审计在组织治理方面的职能，通过建立起举报计划、举报热线以及设立专门的舞弊调查官，从而有效地从组织的结构层次上防范舞弊。

在内部审计程序中，要求内部审计师在制订审计计划时就充分考虑存在舞弊的潜在可能，从而使制定出来的审计计划更加切实可行，内部审计师在下一步的审计过程中如果遇到舞弊问题，就能够根据计划的指导开展工作。

在实施内部审计业务中，要求内部审计师实施内部审计业务时，对舞弊迹象予以充分的关注，并通过设计适当的审计业务步骤和执行审计测试以应对舞弊风险和发现舞弊行为。具体包括确定与调查有关的适当对象、证实舞弊的事实和程度、向适当方面报告舞弊调查结果以及向管理层提出内部控制检查和改进建议等。

6.1 舞弊知识要点

IIA 在《标准》的词汇表中将舞弊定义为："指任何以欺骗、隐瞒或违背信用为特征的非法行为。这些行为不依靠暴力和胁迫。个人或组织为获取金钱、财产或服务，为避免付款或提供服务，或为获得个人或组织私利等目的都有可能舞弊。"舞弊是有意制造的不正当和不合法的欺骗行为，具有动机和目的，其主体多种多样，对象多样复杂，且通过一定的手段和方式，并最终产生一定的行为后果。

舞弊与错误不同，舞弊是有意的，错误是无意的。舞弊的结果是损人利己。"损人"包括损害本组织和其他组织，"利己"包括为本组织和为自己谋利。

6.1.1 舞弊产生的来源

舞弊三角理论由 ACFE 创始人提出，由压力/激励、机会和自我合理化三要素组成。就像必须同时具备一定的热度、燃料、氧气这三要素才能燃烧一样，救火队员只要消除这三个要素中的一项，火焰就会熄灭。缺少任何一个要素都不能真正形成舞弊（见图6－1）。

图6－1 舞弊三角理论

(1) 压力/激励

压力要素是舞弊者的行为动机，刺激个人为其自身利益而进行组织舞弊的压力大体上可分为四类：经济压力、恶癖的压力、与工作相关的压力和其他压力。人如果无法承受身上的压力，就会在工作中做出违背规定的错误行为来。其中，权力是一种很好的压力或者激励方式，权力可以在家人或同事眼里简单地得到尊重。例如，不少计算机舞弊都是黑客表明有能力做到而实行的，而不是故意为了给组织造成损害。另一种激励因素是对欲望的满足，比如贪婪或者上瘾等。

(2) 机会

机会要素是指可进行组织舞弊又能掩盖起来不被发现或能逃避惩罚的时机，主要有六种情况：缺乏发现组织舞弊行为的内部控制、无法判断工作的质量、缺乏惩罚措施、信息不对称、能力不足和审计制度不健全。

组织的制度不完善，就给人们舞弊犯错留下了机会。制度是为适应特定情况而制定的。但是，还是会存在出现错误的机会或者出现导致控制失败的情况。无效控制制度或缺乏控制制度是增加舞弊发生机会的诱因。例如，制定一套系统来保护资产，但是该系统缺少一项重要的控制环节。任何了解这一缺陷的人都可以不费力气就得到他们想要的东西。此外，任何处于一定权力位置的人都会拥有规避已存在控制制度的机会，因为下属或较弱的控制可以帮助他们绕过这些规定。

(3) 自我合理化

自我合理化是指组织舞弊者必须找到某个理由，使组织舞弊行为与其本人的道德观念、行为规范相符合。很多人自认为是个好人，即使他们偶然也会做坏事。为了使自己确信自己依旧是个好人，他们往往努力使行为合理化或否认自己曾经做过的事。例如，有些人认为自己有权获得组织被盗物品，或者如果管理层违反了规则，那么其他人也可以违反规则。有些人会做一些事情，这些事情是组织所不能接受的，然而符合其自身的文化要求或者是其以前雇主所接受的。结果，这些人就不能遵守那些对他们来说不合理的规定。有些人在生活中会遇到经济拮据，会沉迷于耗费很大的嗜好，或者面对其他压力。所以，他们会自我安慰地想象：他们只是借钱而已，当生活改善后，会返还这些钱的。另外一些人会觉得偷窃公司的财物不是一件坏事，从而不会带着个人感情来看待这样的行为。

6.1.2 舞弊的类型

由于舞弊人员具有不同特性，因此舞弊也有各种类型。舞弊可以通过不同的方式进行分类，如按受益对象划分、按行为对象划分、按舞弊者的群体划分等。

(1) 按受益对象划分

舞弊中最常用的分类是根据受益对象来进行，将舞弊划分为：为组织谋利的舞弊和为个人谋利的舞弊。

①为组织谋利的舞弊。一般通过利用不公正的或不诚实的优势欺骗外部团体，以期产生期望利益，舞弊者经常会获取间接的个人利益，例如保留工作饭碗、获得管理层奖金等。

- 出售或分配虚构或误报的资产；
- 进行非法政治捐款、行贿、提供回扣、向政府官员、政府官员代理人、客户或供应商支付酬金等不当行为；

- 故意错报或错误评估业务交易、资产、负债或收入；
- 故意对转移支付进行不当定价（关联机构之间交换的商品计价），通过故意地不恰当地安排定价技术，管理人员可以改进参与交易的组织的经营结果，从而给其他组织带来损害；
- 进行故意的不当关联方交易，在此类交易中一方得到了一些在正常交易中不能获得的利益；
- 故意没有记录或披露重要信息，而这些信息有助于外部团体更好地了解组织的财务情况；
- 开展明令禁止的商业活动（如：违反政府法令、规则、规定或合同的活动）；
- 编制虚假财务报告，人为提高股票价格；
- 税务欺诈。

组织舞弊的信号通常有以下几种：

- 化整为零采购；
- 遗失或破坏记录和文件；
- 太多的“取消”或“退款”现象；
- 财务经理和执行官频繁变动；
- 现金流失；
- 销售量和收入减少；
- 应付和应收账款增加；
- 不正常的或重复的票据背书；
- 存货和销售成本增加；
- 经常对收入和支出重新分类；
- 暂记事项没有完全解决或解决不及时；
- 暂记事项没有任何说明就被注销了；
- 坏账增多；
- 账目在年底作重大调整；
- 长期未兑现支票；
- 大量的顾客投诉；
- 缺少附件的支出；
- 错误或不正确的会计记录；
- 以劣质货物作为替代品；
- 没有及时完成银行调节表；
- 有关利益冲突的谣言；
- 使用独家取得的无竞争性合同；
- 不现实的业绩预测；

• 员工士气长期低落。

②为个人谋利的舞弊。为个人谋利的舞弊，一般是直接或间接地给组织外部人员或其他组织谋利，这种舞弊通常会损害组织利益。

• 收受贿赂和回扣；
• 将在正常情况下会给组织带来利润的交易转给雇员或外部人员；
• 侵占，典型情况是挪用资金或财产，并篡改财务记录以掩盖侵占行为，从而使侵占行为不易被发现；
• 故意隐藏或错报事项或数据；
• 要求为实际上并未提供给机构的服务或商品支付款项。

职员舞弊的信号通常有以下几种：

• 超支采购或奢侈的生活方式；
• 无法解释的情绪波动或复杂的行为；
• 品质不佳；
• 不能够承受压力；
• 具有使他们的盗窃行为合理化的能力；
• 能够利用内部控制的弱项以掩盖自己的舞弊行为；
• 拒绝休假或离开岗位；
• 在工作中，长期性的士气低下；
• 与卖主之间不正常的亲密关系或突然换掉一个长期卖主；
• 沉重的个人债务迹象。

（2）按行为对象划分

可以分为贪污、资产侵占、财务报表舞弊三大类，ACFE 对舞弊的具体分类见图6－2。

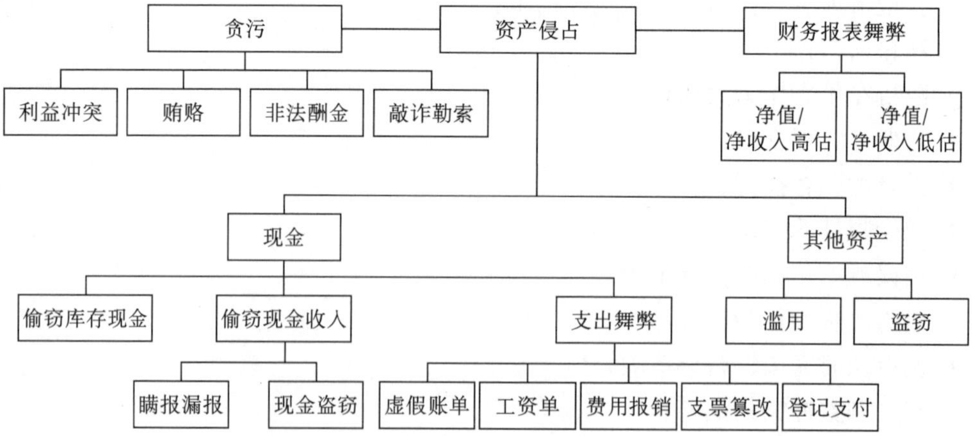

图6－2　舞弊类别体系

①贪污。贪污是指滥用职权来谋取私利，贪污通常是一种非书面舞弊，即财务报表无法体现相关的舞弊证据。在大多数情况下，舞弊行为是通过第三方投诉举报发现的。贪污包括利益冲突、贿赂、非法酬金和敲诈勒索等。

利益冲突：主要体现为存在利益关系的关联交易上，但关联交易只要得到适当披露，不一定构成舞弊。舞弊的情况是在采购或销售等业务环节进行有意且不正当的关联交易，其中一方获得超出正常公平交易应得的利益。例如采购人员向自己亲戚开办的工厂进行采购活动且未经披露。

贿赂：属于事前舞弊行为，一种是用现金、礼品、贷款、股票等形式授予特殊价格或特权，从而换取回扣；另一种常见的情形是进行串通投标。

非法酬金：外部人员为奖励、酬谢当事人的某项决策而给予当事人的有价值物品。与贿赂的差别在于，非法酬金不一定出现在决策事项发生之前，不会影响某一决策的意图，而是在做出决策行为之后才会出现酬金。有的时候舞弊者可能会将其视为一种礼节性的“好处费”。

敲诈勒索：当事人通过非法使用武力、恐吓或威胁而获得另一方当事人提供金钱、财产或其他因素。当事人有权开展特定决策时容易出现敲诈勒索情况，像政府官员威胁企业，说如果企业不行贿，就会关闭企业，也是勒索的例子。

②资产侵占。资产侵占是指受托对资产进行管理的人员非法占有委托方的财产。其中，资产分为现金、库存和其他资产两类。具体侵占类型包括偷窃库存现金、偷窃现金收入、支出舞弊、其他资产侵占等。

偷窃库存现金：组织为保证各职能单位的日常零星支出，通常会留存部分现金存放在企业内部，偷窃库存现金指对这部分留存在企业内部的现金据为己有。

偷窃现金收入：指由于业务往来而收到外部单位提供的现金或银行转账款，未按规定上交给组织。偷窃现金收入包括瞒报漏报和现金盗窃，两者的主要区别在于收入是否已入账。瞒报漏报是在收入进入组织的财务账簿记录之前，如员工收到客户付款，但未记录销售收入或按低于实际收入的金额入账，这种方式没有留下直接的审计线索。现金盗窃是当组织的财务账簿记录了收入之后，从组织窃取现金。与瞒报漏报不同，在发生现金盗窃时，账簿记录与实际现金数额不相匹配。由于有记录，留下了审计线索，可以将登记记录与实际现金进行独立核对，因此盗窃现金收入更容易被发现。

支出舞弊：使组织为非正常的活动进行付款的行为，主要包括虚假账单、工资单、费用报销、支票篡改、登记付款。

- 虚假账单是当员工行为导致组织为虚构商品或服务付款时，就会发生的支出舞弊，如创建虚拟公司收取不存在的服务费。
- 虚假工资单，如将幽灵员工加入工资单领取工资、伪造加班费用、伪造雇用外部人员的工资费用等。
- 费用报销舞弊是指员工因虚构或虚增费用获得费用报销，如报销个人开支单据、夸大业务费用单据、生成虚构费用单据、重复提交单据等。

- 支票篡改的方式有伪造支票签发商、伪造背书、篡改收款人等。
- 登记支付是指在账簿、登记册上记录虚假的付款，为现金的流出营造一个合理现象，如虚假退款，实际将现金据为己有。

其他资产侵占，包括滥用和盗窃行为。

- 滥用是指个人不正当使用公司财产，典型例子是公车私用。
- 盗窃涉及从组织窃取资产，并通过调整记录来隐瞒盗窃行为。

③财务报表舞弊。组织财务报表涉及歪曲事实的部分，通常是夸大资产或收入、低估负债或费用。这种舞弊主要是组织管理者为了提高组织对外反映的实力而实施的。管理层成员可以通过出售股票，获得绩效奖金或使用虚假报告隐瞒其他舞弊行为直接从舞弊中受益。具体例子包括：

- 利用时间性差异，过早或延迟进行收入确认；
- 利用时间性差异，在错误时间内记录费用；
- 虚构、高估或低估收入；
- 隐瞒或高估负债和费用，隐瞒潜在债务（如诉讼债务）；
- 资产评估不准确；
- 不正当地披露必要或重要信息（如未按要求披露管理层的渎职行为、利益冲突、报告期结束才发生但可能影响财务报表的事项）；
- 故意进行不正当的转让定价（操纵两个以上组织间转移的货物定价来改善业绩指标）；
- 不正当地使用资产负债表外会计，隐瞒实际资产或负债信息。

（3）按舞弊者的群体性划分

可以分为二人以上的集体合谋舞弊和单独舞弊。其中，集体合谋舞弊的核心是绕过既定控制措施，使有关职责分离的控制失效，无法形成相互监督的机制。举例来说，如果员工提供的费用报销单据是由上级领导负责审批。在正常的控制下，虚构或非业务范围内的报销将被拒绝，但如果员工与上级领导串通，则可以绕过该控制，从而完成报销流程。

6.1.3 白领犯罪

“白领犯罪”一词通常被用于舞弊，因为它体现的是舞弊非暴力的一面。这里需要注意，一些舞弊行为不构成犯罪，许多舞弊行为也不是传统“白领”岗位上的人所实施的。“白领犯罪”是对信任、信心和信托责任的违背。客户和雇主由于依赖或相信某人而受到经济损失。例如：客户委托保险代理人在授权范围内办理保险业务；雇主委托员工在授权范围内负责公司业务。

6.2 表明潜在舞弊的信号

在实务中，内部审计师采用多种多样的特殊方法来履行发现舞弊的职责，其中最重要的就是危险信号法（“红旗”标志法）。“红旗”标志法，也称舞弊风险因素法，是寻找和分析舞弊信号的很重要的方法。该方法是以一整套文字表达的方式，指出在这种条件下舞弊发生率会比较高，而标志是在总结以往舞弊的基础上得出的。它强调了舞弊、控制弱点、危险信号三者的相关性，显示直观、容易理解，便于掌握内部控制整体情况，因而被广泛应用。

“红旗”标志法的实质是组织内的管理层在总结以往舞弊情况发生的基础上，整理归纳一整套舞弊发生的可能性最高的相关经验，并用文字将之展示出来，以警示他人注意舞弊发生的可能性以及发生的特征和基本情况。当然，这种警示内容表现为组织内部控制系统薄弱的一些主要环节，它的完整性和准确性受“红旗”标志制作者的经验、专业知识、工作深度和广度等相关因素的影响，因而，“红旗”标志法在舞弊审计工作中的使用具有一定的局限性。

第一，“红旗”并不意味着存在舞弊行为已经发生，而只是警示信号。许多常见的“红旗”标志也在无舞弊的情况下存在，这样会给审计工作带来很多干扰，浪费内部审计师的时间。比如，在一个仓库的保管工作中，不相容职务没有分离，由同一个人兼任仓库保管员和材料账登记，但由于这个人是新员工，并没有监守自盗。尽管这个内部控制薄弱点被内部审计师标志为“红旗”，但并没有发生舞弊行为。因此，“红旗”标志法需要内部审计师进一步的职业判断。

第二，如果不借助风险分析法，一些“红旗”标志难以被量化和评价，例如由个人原因而产生的过度压力、严重的疾病、赌博、缺乏个人道德观念、受过别人的恩惠、监督不力、责任和义务的委派不明确、在分配的任务中存在明显的利益冲突等。

第三，没有“红旗”标志的控制点或行为，也可能存在舞弊，例如雇员串通作案，这种舞弊很难发现。

第四，“红旗”标志并非作为审计业务正常内容来收集，因此，往往可能会遗漏了一些重要的危险信号（红旗标志），给审计工作带来风险。

6.2.1 危险信号类型

危险信号可能与时间、地点、频率、数量或个性有关。进行舞弊的组织或个人通常会表现出可能作为危险信号的某些迹象和行为特征。这些危险信号通常是作为不正当行为的指标，组织的管理层和内部审计师需要了解和识别舞弊行为的潜在危险信号。虽然这些信号的存在并不意味着员工实际上有发生舞弊，但它们的组合可能表明需要进行调查、提高关注度。

一般来说，危险的类型包括：审计循环危险信号、环境危险信号、行业特有的危险信号和犯罪者危险信号。其中还有部分危险信号与财务报表相关，尽管对财务报表的审计通常被认为是外部审计师的责任，内部审计师仍然需要留意。

(1) 审计循环危险信号

内部审计检查四个领域或四个循环的活动：

收益：包括记录的应收账款和收到的款项，例如，与行业发展趋势不符的异常增长，高运输量与低销售量之间存在的差异，缓慢的应收账款回收期限，有争议的应收账户核销记录。

支出：包括与业务运营成本有关的债务，例如，较高的采购人员或者薪酬部门内部人员的更换频率，一或二个供应商提供的超常采购数额，一个供货商对应多个汇款地址，未经授权的工资增长，容易接触空白工资支票或支票签发系统，大量的手工编制工资表或手工签发支票，有计划地将退回货物登入明细账，允许采购员收取订单。

生产：集中在与生产和销售的产品或服务有关的成本上，例如，经常的产量过剩，大量废料，对仓库和运输地点没有建立进入控制，反常的高维护和维修成本，存货周转率与生产周期不一致，标上运输标记却没有运走的货物。

财务：包括或有负债和发行流通的股票，例如，在采用新财务核算方法前重要数据的重大变化，销售额和应收账款之间的不一致，在采用新财务核算方法前会计核算、法律顾问或者财政状况的变化，在申请贷款前拖延发布财务报告。

(2) 环境危险信号

环境危险信号可以从宏观和微观两个层面考虑环境。宏观层面是指影响整个行业、国家和全球地区的情况，而微观层面是指具体组织。

宏观层面的危险信号包括：

• 激烈的竞争环境，在这样的环境中，一些商家可能被不公平商业规则或经济衰退所阻碍，从而给公司带来压力，造成工人被解雇，进而将压力转嫁给个人。这些情况产生了实施舞弊的需求。

• 刚被撤销管制或控制效率低下的企业，由于控制缺失或控制松散，为舞弊发生提供了机会。某些类型的企业，由于其自身性质，也会为舞弊提供机会，例如，商业活动中接触现金的容易程度，交易的复杂性和所导致的交易不透明性。

• 某行业或文化中存在的不诚实或违反法律法规的风气（例如，在某类政府承包商范围内过去的腐败经历，政府官员接受贿赂的事例）。这些危险信号说明了舞弊理由的构成因素：犯罪者会将接受贿赂的经历或风气当作舞弊的合理化理由。

在微观层面或组织层面中，也可以看到同样类型的危险信号：

• 由于一些事件导致对资金的需要，例如，失去了可获利的合同、为获得贷款需要改善财务业绩的压力、发行股票前要求改善财务业绩的压力、研发失败从而威胁到组织产品销售渠道。

- 重组意味着将所有控制政策全部打乱，这会为舞弊发生提供机会。没有对雇员进行全面检查，可能会雇用了需要实施舞弊的人。管理人员和监督人员没有执行、加强和监督控制政策也能够形成一种寻找舞弊机会的企业文化。
- 没有对所有人员进行组织道德规范教育，可能造成这样一种文化氛围，即认为很容易将大的或小的舞弊行为（包括盗窃、投标价格操纵、回扣、利益冲突）合理化。

（3）行业特有的危险信号

据估计，有四个行业，其发生舞弊的比率占所有白领舞弊的70%以上：金融服务业、保险业、制造业和能源业。

金融服务业包括银行、储蓄和贷款机构、信用卡公司、投资公司和财务公司。这些部门满足了至少两种舞弊构成因素：需求和机会。在高度竞争的商业领域，无论是个人还是公司都有错报销售额和盈利的动机，还可以通过有计划地转移客户账户资金、截留客户付款、向伪造实体发放贷款等方式，将资金据为已有，同时，复杂的电子交易系统还有助于掩盖这些违法行为。

保险业通过欺诈性索赔、向不存在客户付款，或错误计算承保资产价值等方式转移资金。

制造业也大量存在舞弊机会，例如，复杂的生产程序和管理疏忽能够导致上报的成本过高或者存在差异。过分依靠技术支撑的公司也为舞弊提供了机会，因为决策者了解和掌握产品和业务，所以其他人很难对其加以控制。

能源业，一般为国际间的松散型结构，也为舞弊活动和贿赂行为提供了很多掩盖的机会。在能源企业中，很难去评估资产或跟踪了解盈利情况，客户也不可能核对他们实际收到的货物以及如何收到这些货物。

（4）犯罪者危险信号

犯罪者既可以是个人，也可以是组织。由整个组织实施的舞弊行为在新闻媒体上报道的很多，产生了广泛的经济、法律和社会影响。前面谈论的环境危险信号强调了很多舞弊风险的征兆，此外，还存在很多间接经济成本（例如，管理效率降低带来的成本、调查和司法程序成本、新控制制度制定和执行成本）和非经济成本（例如，对雇员忠诚度的伤害）。

①犯罪者危险信号及涉及条件。

机会方面：拒绝休假；自愿承担与资金、信息系统、会计记录和资产有关工作的雇员；雇员或管理人员倾向于与某些客户建立紧密关系；存在的不断发生危机的氛围；没有得到和解的案子或者没有对未能和解案子进行调查；某管理人员在某一特定岗位年限太长。

动机方面：与家庭收入不一致的生活方式或财产；夸耀拥有的财产；高负债；满足公司或家庭目标带来的压力；挣大钱的强烈欲望；过多涉入挣钱计划之中（如股票市场、不动产）。

合理化方面：低标准的道德意识；过去破坏法律或非正当地利用职业的经历；由于不良习惯或无恶意的性格缺陷而产生的违规行为（例如，因为自己不喜欢这份工作而拖延递交文书）；对雇主或上级不满。

审计师应该还要警觉到一些行为信号，例如，抱怨某位雇员的方式；雇员忠诚度或参与度的下降；突然辞职或回答问题时闪烁其词；在审计中缺少合作态度或抱有抵触情绪。

②管理舞弊。研究发现，舞弊活动大小与犯罪者的位置有关，由业主或执行层实施舞弊造成的损失是管理人员舞弊造成损失的5倍，而管理人员舞弊造成的损失是雇员舞弊造成直接经济损失的13倍。但是，管理人员针对公司实施舞弊（区别于代表公司利益实施舞弊的行为，例如，管理人员被授权掩盖违反环境和雇佣规定的行为）所显示出来的许多危险信号和他们下属职员舞弊的危险信号是一样的。这些管理人员有源于公司期望所产生的额外需求，例如，销售经理可能伪造虚假销售记录，目的是完成季度销售目标，能够继续得到提升；部门领导为了避免下岗，错误上报业绩水平。并且，管理人员有更多的舞弊机会。例如，某经理可能通过篡改业绩数据来伪造费用记录或者操纵奖金分配。实施舞弊的管理人员通常都不是很好的管理者，他们延迟上交报告，与雇员争斗，要求雇员只对其忠诚等。但是，也要注意，一些不好的管理人员可能仅仅是不好的管理者，不一定会实施舞弊。为此，内部审计师应该将这样的管理者所在的领域看作是舞弊高风险领域，同时注意观察进一步的危险信号。

6.2.2　财务报表危险信号

虽然有外部审计师负责检查财务报表，确认财务报表舞弊，但是要求内部审计师为财务报表编制提供咨询服务，以便避免外部审计过程中发生问题。因此，内部审计师有责任在违规问题公开化并成为需要耗费很大的组织难题之前，发现这些问题。下面是与财务报表舞弊有关的一些危险信号。

虚假收入：收入或盈利的异常增长；尽管多次出现负现金流但仍然增长的收入；非常复杂的交易项目（好像安然公司使用的方法）；在提交报告前发生的交易调整事项；与不知名公司之间发生的销售或收入；已入账销售收入缺少证明性文件。

隐瞒债务：供应商未开具的发票；将费用计入资产账目（可以折旧或摊销）、由空壳公司承担的债务（表外会计）；依靠主观估值；不正常的低费用或采购付款；退货、保修等损失程度低于相似组织；编制使税务负债减少的非常规会计分录。

不适当的资产价值：存货数量的变动；将费用性支出作为资产性支出（可以摊销或分期偿还）；相信主观确认的价值；异常的低费用或采购支出；损失额度低于相似组

织类似额度；减少应纳税额度的错误。

不适当的披露：有关披露标准的有效沟通；不起作用的董事会。

总之，将权力过分集中于某一个人或部门、逃避责任、曾经的不忠实或不遵守法律法规的经历等，都是财务报表舞弊的常见危险信号。

6.2.3 舞弊实施方法危险信号

还有一些危险信号是舞弊实施方法显示出来的信号，包括：

- 没有解释清楚的差异（例如，当与前期比较时发现的异常高额费用支出）；
- 现金或存货的异常短缺；
- 文件丢失或对文件修改；
- 发票上项目与收费代码或业务职能无关；
- 回避经过批准的程序（例如，将订单分成几部分，使每部分金额都低于需要批准的最低金额）；
- 同姓的供货商或者不同供货商的邮政信箱地址相同；
- 在自动交易处理系统环境下的手工处理交易项目；
- 在数据不规则的环境中出现整齐均匀的数量；
- 重复付款；
- “中间人”业务突然增加（通过虚构中间人转移公司财产）。

6.3 舞弊风险管理

舞弊风险是指舞弊发生的可能性以及组织发生舞弊时的潜在严重影响，很多组织通过开展积极有效的舞弊风险管理来防范或者发现舞弊活动。舞弊风险管理主要涉及五项原则：

- 把建立一项舞弊风险管理计划纳入组织治理的一部分，计划包括一份书面政策或多项政策，以了解董事会和高级管理层对管理舞弊风险、道德建设的期望。
- 应定期评估舞弊风险的暴露情况，识别组织需要减少的可能产生舞弊的事项。
- 应建立一套用于避免潜在重大舞弊事件的防范技术，减少对组织的影响。
- 应建立检查技术，能够在防范措施失败、没有降低的风险实际发生时发现舞弊。
- 应建立一个报告过程针对潜在舞弊征求意见，建立一个协同方法开展舞弊调查，运用纠正手段确保潜在舞弊被适当和及时识别。

6.3.1 舞弊风险管理计划

舞弊风险管理作为组织治理结构的一部分，组织应制订舞弊风险管理计划，包括能够转达董事会和高级管理层对于管理舞弊风险期望的书面或其他政策。

有效的治理程序是舞弊风险管理的根基，缺乏有效的治理程序将严重制约舞弊风险管理体系作用的发挥。所有舞弊风险治理参与方（包括董事会、审计委员会、管理层、员工和内部审计人员等）在舞弊风险管理体系中都具有不可替代的作用。每个组织必须考虑其自身的规模和复杂程度，以确定最适宜的舞弊风险管理书面政策和程序。舞弊风险管理计划一般应包括职责和义务、授权、舞弊风险管理意识、证实程序、冲突披露、舞弊风险评估、报告程序和举报者保护、调查程序、纠错行动、质量保证和持续监控等要素。

（1）舞弊风险管理的角色和责任

为了帮助组织确定舞弊风险管理计划的有效性，了解在组织各个层面与舞弊风险管理有关部门的角色和责任很重要。政策、工作说明、章程和/或授权中应表明与舞弊风险管理有关的角色和责任，特别是应明确负责治理管制舞弊行为的主体，明确设计和实施舞弊风险管理策略的部门以及组织实施舞弊风险管理的部门；同时，舞弊风险管理将会得到风险管理、合规、总法律顾问、道德办公室、安全、信息技术（IT）以及内部审计等部门的支持。董事会、审计委员会、管理层、员工以及内部审计在舞弊风险管理计划中扮演着关键角色。

舞弊风险管理是一个自上而下的过程，董事会在舞弊风险管理方面负有重要责任。为了在高层树立威信，董事会首先应确保其本身得到有效的治理。董事会治理包括：

- 具有独立态度的董事会成员；
- 董事行使控制权的资料、议程；
- 获得管理层和外部的建议；
- 独立地进行提名/治理、补偿、审计；
- 其他委员会的责任。

同时，董事会有责任确保管理层设计有效的舞弊风险管理计划，使员工、客户、供应商有章可循。董事会应该：

- 了解舞弊风险；
- 保持对舞弊风险评估的监督，以确保舞弊风险已被视为组织风险评估和战略计划的一部分；
- 定期召开会议讨论解决组织已识别的舞弊风险；
- 应该确保组织建立了一套高效的审查、调查和处理涉嫌舞弊案件的决策体系；
- 应明确董事会在舞弊案件调查中的职责；

- 建立机制确保能从管理层、员工、内部和外部审计人员和股东获得准确而及时的信息；
- 监督由管理层建立的内部控制制度；
- 通过实施高级管理层职位描述、招聘、评价和接任规划过程，在高层建立适当的氛围；
- 有能力保留以及聘请必要的外部专家；
- 向外部审计提供关于董事会积极参与和关心舞弊风险管理的证据。

高级管理层全面负责舞弊风险管理计划的设计和实施。首先要确立高层基调。因为一个组织的文化在预防、检测和遏制舞弊行为方面发挥着重要的作用。高级管理层需要通过言语和行动来营造一种文化，明确表示舞弊是不能容忍的、对舞弊行为的处理是迅速和果断的，并且保证举报人不会受到报复。其次要实施适当的内部控制。制定舞弊风险管理政策和程序，并结合舞弊风险评估，评估其有效性。高级管理层还要向董事会报告已经采取的舞弊风险管理措施以及舞弊风险管理计划的成效，报告包括补救措施以及已发生的舞弊。

舞弊风险管理应该体现为一种全员参与的全面舞弊风险管理。除董事会和高级管理层外，组织内部的各级人员，包括各级管理层、职员、内部审计人员，甚至组织的外部审计人员也都具有管理舞弊风险的责任。以上这些人员都应：

- 了解组织已经建立了哪种形式的舞弊风险管理体系；
- 对舞弊具备基本的认识并清楚红色警戒；
- 了解自己在内部控制框架中的角色和工作程序中的舞弊风险管理措施；
- 阅读和理解舞弊风险管理政策和程序（例如舞弊政策、行为准则和举报制度）以及其他业务的政策和程序（例如采购手册）；
- 根据要求参与建设和设计良好的控制环境、实施舞弊控制活动以及参与监控活动；
- 报告舞弊行为或疑似舞弊行为；
- 协助调查。

同时，舞弊风险管理应贯穿于组织目标的设立、战略制定、控制执行及其业绩考评等组织活动的整个过程。

（2）加强组织的道德文化建设

组织的道德文化建设是舞弊风险管理的根本。舞弊风险管理不仅是一种制度、一种技术，更是一种哲学、一种文化。道德文化本身所具有的无形性、软约束性、相对稳定性和连续性等，使道德文化始终以一种不可抗拒的力量影响着组织。如果说组织中正式的舞弊风险管理政策文件只能表明治理层和管理层期望什么发生，那么道德文化则决定什么将会发生。因此，建立以道德为基础的组织文化也是至关重要的。

①鼓励举报舞弊行为。举报人指的是报告舞弊和不当行为的个人，通常是雇员，也

可以是前雇员或组织外的人。组织必须确保有舞弊证据的合法举报人能受到保护。报告舞弊最常见的方式是采用举报热线机制，包括以下几个功能：

保密或匿名：保密是指呼叫人的姓名和身份等信息将不公开披露，仅传达给有必要或授权需知的相关部门人员（如法律部门）。完全匿名是指呼叫人的性别和任何其他识别信息也被隐瞒，匿名的挑战是无法直接联系对方进行事项跟进，获取更多信息。

可访问性：举报热线必须方便，热线电话应每天 24 小时、每周 7 天提供。还应该有电子邮件、信件和传真等报告方式。

真实人员：必须由经过筛选和培训的人员负责接听，而不是语音录制信息。

渠道公开：保证组织内外所有人员都知道，比如突出显示在组织官网、公司内网、公共场所内部帖子的信息宣传等。

积极回应：组织对举报热线的快速反应至关重要，为今后潜在的举报人员建立信心。

②开展舞弊培训。舞弊培训可以包含组织对员工行为的期望，实施内部控制所需的政策、程序和标准，以及员工关于报告不当行为的职责。当向新员工进行培训时，内容可以包括：

- 组织使命、价值观和行为准则内容；
- 舞弊类型；
- 报告不当行为的职责；
- 举报热线的使用或报告潜在舞弊的其他渠道。

舞弊培训要根据组织情况和员工在组织中的位置进行调整，一个有效的方法是针对组织的主要舞弊风险区域开发培训，便于关键岗位员工更好地了解他们在组织舞弊风险管理中的作用。

在整个员工职业生涯中定期开展舞弊培训，可以加强员工舞弊意识和组织舞弊门槛。关键目标是测试员工对舞弊培训内容的理解，这可以通过在线调查来完成，通过这些调查记录确认出勤情况、提供快速检查，以确保员工从培训中获得必要知识。

6.3.2 舞弊风险评估

舞弊风险评估是对组织存在的弱点、面临的威胁以及由两者综合作用而带来的舞弊风险可能性的评价，它是构成舞弊风险管理体系的一项重要内容。为有效地保护企业及其利益相关方免受舞弊侵害，每个组织都应该熟悉会产生直接或间接危害的舞弊风险及具体舞弊风险类型。根据组织的规模、复杂程度、所属行业和组织目标量身订制的舞弊风险评估系统应该定期进行舞弊风险评估，并根据评估结果进行及时调整，舞弊风险评估可以与组织整体风险评估一起进行，也可以单独进行，但其内容应至少包括风险识别、对风险概率和重要性水平的评估、风险应对。

随着舞弊手段的不断变化，舞弊检测技术也随之高速发展。例如，应用实时交易监控系统来监测之前不易被察觉的异常情况。加强信息收集手段（如开通举报热线）和健全内部审计职能也被证明是有效的舞弊调查方式。然而，对抗舞弊的绝不应该是这些检测手段，防患于未然才是最好的选择。根据舞弊三角理论，一个组织能够通过合理的风险评估和内部控制来压缩这个三角中“机会”生存的空间。

根据 IPPF 中执行指南的内容，舞弊风险和控制评估包括以下五个步骤：

（1）发现相关的舞弊风险因素

在这一步工作中主要包括调阅文档，了解过去组织内部舞弊和涉嫌舞弊的行为以及遭受欺诈的案例，评估同类组织相关的舞弊案，对比本组织和竞争对手之间过去几年内在这方面的绩效指标。

（2）识别潜在的舞弊手段，并根据风险的大小为其排序

在这个过程中，内部审计师应判断导致舞弊的机会有哪些？在何种程度的压力下管理层会选择无视内部控制？如果管理层无法达到企业目标会出现哪些后果？

（3）列出现有的可有效管控潜在舞弊的手段，并发现其中的不足

已有实体层面的反舞弊管控手段或制度，如举报热线的设置、举报保护政策、董事会监督、持续监控、行为准则、与公司舞弊风险容忍度相关的管理层对话的基调等，在这一步中都是非常重要的被考量因素。需要明确考虑管理层不顾舞弊监控行为的风险，以及评估控制这种风险的利弊。

（4）测试预防和发现舞弊手段的实际操作有效性

内部审计在评估内部控制的实际操作有效性时扮演着一个重要角色。内部审计人员不仅要考虑内部控制方面，还要通过阶段性的内部控制测试来评估内部控制的有效性。

（5）对舞弊风险评估进行报告和存档

企业需要对识别和评估舞弊风险的进程进行存档。在各个重要商业领域的舞弊风险评估中最可能需要被存档的关键内容有：

- 有可能出现的舞弊类型；
- 与流动和可出售资产的可获得性相关的舞弊固有风险；
- 企业氛围和人员流转率；
- 舞弊和因舞弊遭受损失的历史或其他具体的商业指标；
- 现有的反舞弊实施项目、舞弊监控和预防控制；
- 组织中各反舞弊控制手段的潜在不足，如职责分工方面；
- 重大舞弊案发生的可能性；
- 发生舞弊案的商业影响。

6.3.3 舞弊防范

在舞弊风险管理体系中，舞弊防范和舞弊调查有着密切的联系，但它们却是两个不同的概念。舞弊防范是最为重要的舞弊管理手段，它是指运用政策、程序、培训和交流手段等防止舞弊发生；舞弊调查则是通过对活动和技术的关注，迅速及时地识别是否有舞弊已经发生或正在发生。虽然防范措施不能保证舞弊不会发生，但它可以将舞弊风险最小化。防范舞弊的关键在于增强全体员工的舞弊风险管理意识和对可能发生舞弊类型的警觉意识。同时，预防性的内部控制措施将有助于降低组织的舞弊发生概率。此外，在防范舞弊的过程中，定期评估并持续监控预防措施的运行效率对于有效防范舞弊是非常重要的。

预防舞弊是最积极的反舞弊措施。内部控制制度是一个防范舞弊最基本的措施，科学、有效的内部控制制度可以守住舞弊的大门，降低舞弊的机会，其中内部审计作为内部控制的重要组成部分，在预防舞弊中所起的作用尤其不可替代。首先，内部审计通过参与组织内部控制制度的设计与修订，使组织内部控制在建立之时就更多地考虑了各种管理程序对舞弊行为的防御能力。其次，内部审计对内部控制恰当、有效性的评价与重视。拟“制度”增加了舞弊被发现的风险，减少了舞弊实施的机会。内部审计置身于组织内部，对其实际的经营状况、财务状况都有较为详尽的了解和把握，容易觉察组织危险信号，对异常情况更加敏锐，反映更快捷，能及时发现并尽早控制各种舞弊行为。

6.3.4 舞弊检查

每个组织都存在发生舞弊的可能，而且并非所有的舞弊都能够避免。组织应设计一套符合成本效益原则的、用以发现舞弊的侦查措施，而不仅仅是舞弊防范措施。只有与舞弊防范措施结合运用，舞弊检查措施才能充分发挥作用，并及时识别组织的风险，从整体上提升舞弊风险管理体系的效用。有效的舞弊检查措施一般包括四项内容：

- 舞弊检查控制措施；
- 舞弊检查技术的书面化；
- 评估组织的舞弊检查能力；
- 对组织的侦查措施进行持续监控。

需要指出的是，虽然实施舞弊检查措施可以提供舞弊已经发生和正在实施的证据，但它本身的功能不在于预防舞弊的发生。企业要降低舞弊风险，就必须合理运用舞弊防范和舞弊检查两方面的措施。

重要的舞弊检测方法包括匿名报告机制（举报热线）、过程控制、积极的舞弊检测程序等。自《萨班斯法案》要求设立举报热线以来，在美国上市的公司遵循这一要求的情况显著增多，举报热线成为组织实施舞弊检测最有效的举措之一。诸多调查表明，组织通过举报热线或其他途径收到的匿名密报最有可能检测到舞弊。此外，积极宣传举报热线，可以增强员工的防舞弊意识、使举报热线易于使用，并促进举报问题得到及时处理，这是能够增强举报热线检测控制能力的有效措施，因为想要实施舞弊的人可能因为害怕被发现或被报告而放弃舞弊行为。

6.3.5 报告、深入调查和纠正

目前，组织尚没有能够保证舞弊不会发生的内部控制系统。通常情况下，组织可以通过已建立的和预先设计的检查和纠错方案来挽回损失，同时最小化诉讼风险和名誉损失。如果检查结果表明应该采取进一步行动，董事会应确保组织有适当有效的程序进行深入调查。调查团队应按照董事会批准的程序行动，并将调查的结果向高层管理者、董事长、法律顾问和监督机构等适当的对象报告。如有必要，也可以向执法部门、投资者、股东、媒体等进行公开披露。在调查完成之前需要采取相关措施以保全证据、保守机密，并尽力降低舞弊风险可能造成的损失。在开展调查行动并采取严格的行政、民事和刑事措施之前，组织的管理者有必要听取法律顾问的看法。

虽然舞弊风险不能够彻底避免，但是组织可以采取积极的方法去降低风险。有效的舞弊风险治理、全面的风险评价、强有力的舞弊防范和侦查（包括具体的反舞弊控制程序），加上及时的调查和纠错行动，将大大降低舞弊风险。组织通过对舞弊发生的预警信号保持高度警觉，可以合理地控制舞弊风险，前提包括：

- 必须清楚舞弊为什么发生；
- 必须将舞弊发生的可能性最小化；
- 必须熟知组织中存在的舞弊机会；
- 必须确定舞弊的高风险区域并采取适当控制措施；
- 必须与员工进行沟通；
- 必须对已证实的舞弊事件做出快速反应，对舞弊者进行处罚和制裁。

6.4 舞弊与内部控制

内部控制在组织治理舞弊过程中通过熟悉组织中的各种舞弊高风险区域，以及潜伏在组织中的危机，分析其性质，并据此设计和执行相应的舞弊治理方案。同时根据各种舞弊的行为特征采取相应的内部控制手段。良好的内部控制能有效地降低舞弊发生的概率，并减弱舞弊的后果。内部控制制度是预防舞弊发生的重要措施，也是发现舞弊的首要手段。

6.4.1 内部控制在舞弊中的作用

内部控制在治理组织舞弊过程中的作用主要有：对潜在舞弊行为的避免，以及对已发生舞弊行为的纠正。

(1) 对舞弊的避免作用

一方面，内部控制通过优化信息沟通、增加检查频率、加大惩罚力度等机制，使被控制方舞弊成本大于舞弊收益，使他们的行为不敢或不愿偏离控制方的意志及要求，从而预防有意的舞弊行为；另一方面，内部控制通过设置不相容岗位、健全相关制度、规范业务流程等机制，降低由于人为失误和环境不确定而造成的无意识的错误。在具体操作过程中，组织可以建立一个类似于预警系统的机制，当某些个人或组织有舞弊企图时，这个系统就能快速识别，并将控制对象锁定在某个或某些人身上，并提出非常警告，让他们能悬崖勒马，也避免了组织的损失；如果他们仍然一意孤行，内部控制防护系统也能及时加以整治，不让他们有将舞弊行为付诸实施的可能。

(2) 对舞弊的纠正作用

并不是所有的舞弊都可以通过事前的防范工作彻底避免，在错误已经出现、舞弊行为可能已经发生的情况下，内部控制也能够发挥一定的防护作用，即通过检查、监督、分析、考核等手段及时地察觉和发现错误，并予以纠正。即使在错误已经产生危害、行为无法逆转的情况下，也要将舞弊产生的不良影响降到最低。对于重要且常见的舞弊行为，应设置专门的监督人员，并保证相关权力的制衡，从而彻底消灭舞弊滋生和繁衍的环境。对于比较容易发现的舞弊行为，应该及时制止舞弊，对其进行实时控制；而对于事前没有发现或很难发现的舞弊，则应在阻止舞弊后果扩散的前提下，尽快消除舞弊产生的不良影响。

6.4.2 反舞弊控制措施

控制措施分为预防性控制、检查性控制和纠正性控制，由于预防性措施，舞弊行为可能被提前制止，而不需要花费额外时间精力来识别和调查舞弊。这意味着对舞弊进行预防性控制可以大量节约成本。因此，组织应把更多关注重点集中在预防性控制而不是检查性控制和纠正性控制上。

(1) 预防性控制

预防性控制有利于限制非法使用人员对计算机设备、数据文件、程序和数据库的访问。常见的预防性控制包括：

- 制定针对舞弊的政策和程序；
- 利用数据库查询和数据挖掘工具；
- 提供舞弊投诉举报热线；
- 监督员工表现；
- 强制休假；
- 向员工、客户和供应商宣贯和落实各项制度规范，防止串通；
- 建立健全内部控制制度；
- 提供舞弊风险培训课程；
- 提供员工辅导计划，帮助员工平衡工作和生活压力；
- 建立物理、信息系统安全控制；
- 强化现有内部控制和反舞弊政策，明确违反惩罚措施；
- 实施职责分离、双重监督、双重控制；
- 建立全面质量管理计划；
- 创建开放、积极的工作环境以促进沟通；
- 权责分配防止舞弊产生；
- 聘用诚信员工；
- 建立道德规范和行为准则；
- 建立一套授权、独立稽查的制衡体系；
- 与同业联合反舞弊行动。如加入企业反舞弊联盟（www. fanwubi. org）提高反舞弊威慑力和影响力。

(2) 检查性控制

检查性控制有助于发现已存在的舞弊。一般检查性控制包括：

- 对自动化或人工的商业交易进行审计跟踪；
- 建立测试性的控制；
- 定期进行常规内部审计；
- 定期进行非常规内部审计及报告；
- 开展员工绩效评估；
- 留意员工生活方式的变化；
- 留意员工行为对工作、组织的影响；
- 定期对资产、金融证券、其他贵重物品等进行盘点。

(3) 纠正性控制

纠正性控制可以在最大程度上降低舞弊带来的损失，包括财务损失和其他损失。

6.4.3 检查和评价内部控制

建立、健全并有效实施内部控制，预防、发现及纠正舞弊行为是组织管理层的责任。同时，内部审计师在尽量减少舞弊对组织的影响方面发挥着重要的作用。内部审计师通过检查和评估内部控制系统的适当性和有效性来确定这些系统与组织中各个部门内存在的潜在风险范围是否相适应，能否阻止舞弊的发生。为完成这一重要责任，内部审计师应该确定：

- 组织环境能否促进控制意识的增强；
- 组织是否建立了切实可行的目标；
- 是否制定了书面政策，对明令禁止的活动以及发现违法现象后所要采取的措施进行了说明；
- 是否建立和维护了适当的交易授权政策；
- 是否制定了有关政策、程序，编制了报告以及采取了其他手段来监督各种活动，保护资产，尤其是高风险区域的活动和资产；
- 沟通交流渠道能否为管理层提供充分可靠的信息来源；
- 是否需要提出有关建立和强化控制制度（符合成本效益原则）的建议。

提倡在组织的业务单元内部开展自我评估活动，由运营管理层承担控制和舞弊监督责任。自我评估作为一个持续不断的监督工具，能够有助于审计资源从合规性测试向检查自我评估系统的发展趋势和有效性方面转变。通过检查自我评估问卷、调查表、清单的结果，内部审计人员能够获得关于可能会导致舞弊的控制弱点的有用信息。评估财务报告目标达成的风险时，应明确考量因舞弊而发生重大错报的可能性。

没有任何组织能够完全摆脱舞弊的风险，建立内部控制制度只是将舞弊风险降低到一个合理的最低水平。因此，应该在合理的成本基础上促进有效的内部控制。

6.5 一般审计业务和舞弊调查业务

内部审计和舞弊调查尽管有相似之处，但还是有所不同。首先它们有不同的知识主体和准则。内部审计是基于审计准则、政策和程序，舞弊调查则基于证据规定和刑事或民事程序。对于刑事程序而言，违法属于法律范畴，并且需要证据来证明。一般的内部审计中，控制与风险相关，而在舞弊调查中，控制与目标的舞弊风险相关，舞弊风险还包括了意图和隐瞒的要素。

内部审计师在从一般审计业务过渡到舞弊调查中发挥着重要作用。当怀疑存在不当行为时，组织会调查可能的舞弊行为。这种怀疑可以来自正式、非正式的举报投诉渠道，也可以来源于一般审计业务中的危险信号测试结果。

6.5.1 一般审计业务对舞弊的考虑

《标准》1220. A1 要求内部审计师履行应有的职业审慎，树立并保持防范潜在舞弊的意识，注意舞弊的迹象和征兆，协助防止舞弊及潜在舞弊。只要内部审计师接受并实施内部审计委托业务，就应考虑发生实质性违规或不守法行为的可能性。

2120——风险管理

2120. A2——内部审计部门必须评估发生舞弊的可能性以及所在组织如何管理舞弊风险。

因此，在计划实施审计阶段，内部审计师应该依据客户的经营宗旨、市场、文化、运营、职员和管理来确定最可能发生的舞弊风险。在辨别出最可能发生的舞弊类型后，内部审计师要制定适当的业务步骤来确定控制制度是否适当、是否发挥作用阻止舞弊的发生、认定的舞弊行为是否正在发生。

内部审计师应警惕诸如控制薄弱环节等可能引发舞弊的机会。如果发现了严重的控制薄弱环节，内部审计师所开展的额外测试就应该包括旨在发现其他舞弊迹象的测试。此类舞弊迹象包括未经授权开展的交易、无视控制措施、未经解释的定价例外情形以及异常的巨额产品亏损等。

在内部审计实务当中，内部审计师在检查和报告舞弊行为时，应当从下列方面保持应有的职业谨慎：

- 具有识别、检查舞弊的基本知识和技能，在实施审计项目时警惕相关方面可能存在的舞弊风险；
- 根据被审计事项的重要性、复杂性以及审计成本效益，合理关注和检查可能存在的舞弊行为；
- 运用适当的审计职业判断，确定审计范围和审计程序，以检查、发现和报告舞弊行为；
- 发现舞弊迹象时，应当及时向适当管理层报告，提出进一步检查的建议。

同时，内部审计师要特别注意，由于内部审计并非专为检查舞弊而进行，即使审计人员以应有的职业谨慎执行了必要的审计程序，也不能保证发现所有的舞弊行为。

6.5.2 舞弊调查程序

舞弊调查是指实施必要的调查程序，以确定舞弊迹象所显示的舞弊行为是否已经发生。舞弊调查程序不去测试内部控制是否存在，也不依赖于管理者的声明，或做出交易是虚假的假设。舞弊调查程序关注点在于识别隐瞒策略以及相关的风险信号。舞弊调查包括延伸实施必要的程序，确定有关迹象所表示的舞弊是否确实发生了，这种调查包括收集关于已发现舞弊的具体细节。延伸性程序主要取决于审计师的思维、设计以及组织管理当局的合作程度。内部审计师认为必要的任何合法的程序，都可以成为追踪舞弊的审计程序。如：

• 在一日之内或近期之内突击盘点两次现金。第一次盘点很容易让舞弊者事先有所准备，而出其不意的第二次盘点，就能发现侵占或挪用行为。

• 对供应商及客户进行调查。可以发现由组织采购人员或其他人员虚构的供应商，同时可以揭露一些由组织内部雇员虚构的客户。

• 测算现金收入送存银行拖延的时间。可以检查现金日记账，比较现金收入和该笔收入解存银行的时间，如果发现时间有拖延又无法解释原因，也许就意味着现金的挪用。

• 被怀疑对象财产净值追踪分析。一旦舞弊行为被发现，或确实值得怀疑时，就要对怀疑对象进行个人财产净值分析，即将他的个人资产总额减去负债总额得到的净值进行期初期末比较，分析差额以及净值变动的原因。

• 跟踪支出分析。将正常收入同所有支出进行比较，假如支出超越了收入，也许就是舞弊所得。应当说明的是，上述探讨并不是说明审计人员可以单独开展舞弊审计。

舞弊调查不同于审计业务，在开展舞弊调查时需要遵循一定的步骤，其中涉及的活动主要包括以下方面。

（1）制订调查计划

根据组织的调查流程，为每项调查制订调查计划。需要确定开展调查所需的知识、技能和其他能力，以及是否与被调查人员或组织中的任何员工没有潜在利益冲突，将合格人员分配给调查团队。调查计划应考虑：

- 通过监督、面谈或书面陈述收集证据；
- 记录和保存证据，并考虑法律规则和证据用途；
- 确定舞弊程度；
- 确定实施舞弊的手段；
- 评估舞弊产生的原因；
- 确定舞弊人员。

（2）确定与调查有关的适当对象

舞弊调查是在已有征兆的情况下，需要执行扩展程序以确定舞弊是否发生。一般情况下，舞弊调查的目标是处理舞弊指控或投诉。舞弊调查还必须确定是何人实施了舞弊，因此，要确定与调查有关的适当对象。舞弊调查对象不同，所需要收集的证据及搜集证据的方法也不一样，这就要求事先对被调查对象有详细了解，才能确定与调查有关的适当对象。由于舞弊行为发生的主体可能是掌握一定权力的管理者，内部审计师在确定与舞弊调查有关的对象时，需要更为审慎的态度和更为周全的考虑。

(3) 获取证据

获取和收集证据对于理解舞弊或其他不当行为，支持调查团队得出的结论至关重要。调查团队可根据投诉举报性质、调查目标、执行调查程序的结果，使用计算机取证技术、计算机辅助数据分析等工具获得的所有证据应按时间顺序记录在案。另一种方式是通过面谈和讯问，调查人员将提问相关证人和其他人员，收集证据以支持职业怀疑，确认可能发生的舞弊行为、舞弊活动范围以及共谋程度。面谈一般由经验丰富的调查员、负责记录笔记的其他人员组成。整个调查活动需要与管理层、法律顾问和其他专家进行协调。

(4) 证实舞弊事实和程度

在开展舞弊调查时，内部审计师应确认具备有效开展调查，尤其是了解、发现舞弊征兆所需的相关知识、技能和其他能力，评价组织内部发生舞弊的可能性以及同谋情况，决定是否采取进一步行动或建议开展调查工作。

为了证实舞弊的事实和程度，内部审计师应当评价已知事实需要加强的控制环节，设计测试内容，披露未来出现类似舞弊现象，并且协助其他人发现未来舞弊迹象。具体方法包括：

- 收集证明性证据、书面证据、实物证据和个人观察；
- 盗窃行为调查法，比如监视、改变经营业务、监控；
- 隐蔽调查法，例如文件检查、审计、计算机检查以及实物资产盘点；
- 转变性调查法，比如公开记录调查和净值分析；
- 询问调查法，比如面谈和讯问。

舞弊调查过程中需要进行各种证据的记录，形成工作底稿。舞弊调查的工作底稿记录应该翔实，包含能够支持审计发现和建议的恰当信息，如：所有的控告证据，经过检查后证实能为结论提供充分依据的所有重要的证言、证据以及和被怀疑对象进行面谈的书面证明、陈述材料。需要注意的是，为了避免在舞弊调查中诽谤主要嫌疑人，如果舞弊行为得不到证实，首席审计官最为合适的做法是销毁相关调查工作底稿和报告。

(5) 向适当方面报告结果

舞弊的报告是指内部审计师以书面或口头形式向适当管理层报告舞弊预防、调查的情况及结果的中期或最终的通报，在舞弊调查的各个阶段应根据实际需要而形成。在调查阶段结束时，建议提出最终书面报告，可以在对管理层和董事会所做的简要口头报告的基础上形成书面报告。作为调查结果，书面或其他形式的舞弊报告都应该包括调查发现、调查结论、调查建议和纠正性措施。

2060——向高级管理层和董事会报告

首席审计官必须定期向高级管理层和董事会报告内部审计活动的宗旨、权力、职责、根据计划开展工作的情况以及对《职业道德规范》和《标准》的遵循情况。报告中还必须包括重大风险和控制事项，其中包括舞弊风险、治理以及其他需要高级管理层和/或董事会关注的事项。

内部审计师注意到某些可能出现舞弊的征兆或注意到内部控制的弱点，并怀疑存在舞弊时，应将情况告知组织内有关的管理人员，如首席审计官。由管理人员根据实际情况决定是否需要进一步行动，例如扩大审计程序和审计范围，或提出进行调查的建议，以确定是否存在舞弊。首席审计官有责任马上将所有已经过充分调查，合理地确认确实发生了的重大舞弊现象向高级管理层和董事会报告。如果有高级管理人员参与舞弊，那么可以绕过该高级管理人员进行报告（见图6－3）。

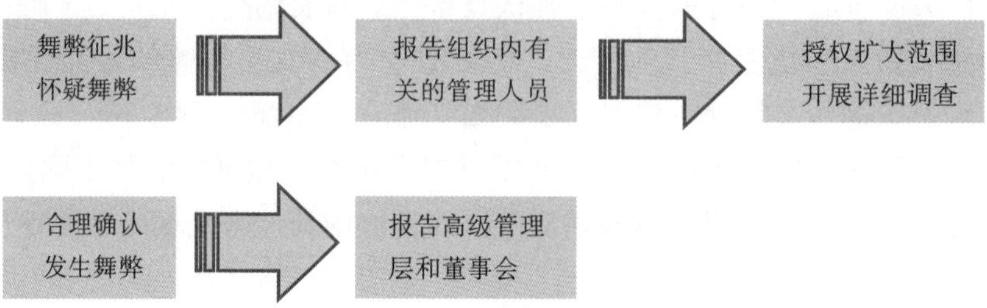

图6－3　舞弊报告

在完成舞弊调查之后、公布正式书面报告之前，首席审计官应该将最终审计报告的初稿提交给组织的法律顾问，尤其是报告内容涉及客户隐私方面的法律规定时，法律顾问能够在法律层面上考虑调查结果的影响，从而最大限度地减少法律纠纷或者诉讼。

关于向组织外部发布调查结果的问题，如果法律、法规或其他规章制度没有规定，首席审计官应该评估组织面临的潜在风险，严格限制结果的使用范围，必要时向高级管理层和/或法律顾问咨询，对结果发布进行控制。

如果调查结果可能表明舞弊对组织财务状况、对已发布的财务报表有先前未发现的不利影响，则应当由高级管理层和董事会了解具体情况，与外部审计师协商后做出适当的报告决定。

（6）舞弊的处置

管理层和董事会根据法律顾问的意见，对舞弊事件的处置做出决定，即是否起诉舞弊人员。通过加强本次舞弊的影响来减少未来的舞弊行为，起到威慑作用。需要注意的是内部审计人员和调查员不负责做出该项决定。决议内容可能包括：

- 为最初被怀疑，实际未发生舞弊的人员提供信息保密；
- 向举报人提供结案答复；

- 根据法规、组织政策或雇佣合同对舞弊人员作纪律处分；
- 要求舞弊人员提供财务赔偿；
- 终止与参与舞弊供应商的合同；
- 向执法部门、监管机构或类似机构报告舞弊事件（鼓励执法机构发起刑事诉讼）；
- 提起民事诉讼或其他法律程序以追回损失；
- 提交保险索赔申请；
- 向舞弊人员的专业协会（如IIA）提起诉讼；
- 建议增强内部控制。

调查结束之后，管理层和内部审计师应总结经验，完善内部控制系统，改进审计方法，提高技术水平，增强识别舞弊的能力，提高专业熟练程度。

6.5.3 舞弊调查技术

应有的职业审慎要求内部审计师应具有预防、识别、检查、调查和报告舞弊的基本知识和技能，在执行审计项目时警惕相关方面可能存在的舞弊风险。当内部审计人员发现可能存在舞弊或控制薄弱的迹象时，应进一步测试以发现其他舞弊指标。这些知识和技能包括发现抽样、面谈、分析性程序、计算机数据分析、计算机取证等。

（1）发现抽样

审计抽样是抽样技术和方法运用于审计工作的产物，发现抽样是抽样程序的一种，当内部审计师怀疑存在很少但是很重要的错误时，一般使用发现抽样。该抽样方法是挑选一个足够大的样本，此样本刚好包含一个错误或违规情况。因此，发现抽样主要用于发现舞弊现象、重大非法行为、极少出现的例外行为和内部控制薄弱环节等情况。当内部审计师怀疑存在舞弊或重大差错的行为已经发生，为进一步证实该舞弊是否已经发生，需要证据进行核实，此时可用发现抽样法，只要有一个偏差，就停止抽样。例如，未批准的业务、工资表中的假冒员工、重复支付、不存在的货物抵押物等。

（2）面谈

舞弊易于掩盖，但并不意味着没有任何线索，通过面谈很可能发现线索。在调查舞弊中，讯问是一种有效方法和很有用的审计程序，能够从杂乱信息中分析问题线索和分辨是非。

①面谈和讯问。讯问技术属于面谈技术的一种，两者经常交替使用。内部审计师的职责是发现舞弊征兆而不是收集犯罪证据，因此在很多情况下，主要还是以面谈方式来开展调查的，但在一些特殊情况下，例如怀疑舞弊发生或涉及舞弊时，如果向对方提问的问题不能保证一定得到事实真相或者对方可能有产生欺骗行为时，可以采用讯问的方

式。面谈和讯问的主要区别（见表6－1）。

表6－1　　面谈和讯问的区别

类型	面谈	讯问
目标	确认信息	确保供认或获取证据
受访者	可能包括涉嫌犯罪者、潜在证人和受害者、可能帮助肇事者的人、信息知情人	可能会关注可疑的肇事者和同谋
提问策略	营造自由轻松的气氛，让对方畅所欲言，以鼓励对话；不使用“舞弊”一词，清楚地了解所需内容；按逻辑顺序提问	反复提问以测试解释的变化；可能突然改变方向以引发意料之外的反应
气氛	合作、开放的语气；一般在受访者工作地点；对其他人尤其与涉嫌犯罪者面谈时保持低调	有时是对抗性的；在不受干扰的房间进行（如没有窗户或装饰）；不应该有阻止嫌疑人离开的实物障碍（如：锁门）

在面谈中，面谈者事先并不掌握很多自己提出问题的答案，而是通过营造自由轻松的气氛，让面谈对象畅所欲言，此时，更多采用开放式的问题，使得面谈对象能提供没有被问到的信息。而在讯问中，讯问人员一般是心中有数，基本知道所提问题的答案，只是希望得到被讯问者对答案的承认，发现能在法庭上陈述的证据或者存在的其证据对答案的支持。

讯问应当由经验丰富、熟悉和谐融洽关系建立策略的人员组成。在讯问过程中，讯问人员应语气温和，使用清晰的沟通技巧，还必须掌握毋庸置疑的事实。在实施讯问前，讯问人员必须清楚舞弊嫌疑人的情况，必须掌握和运用讯问技巧和策略，如用于讯问舞弊嫌疑人的调查问题应该从笼统到具体，开始时适当使用一些调查人员已经知道答案的问题。在讯问过程中，讯问人员应该显示出对嫌疑人犯有舞弊行为的信心，表现出其已经掌握了他的舞弊行为。

②关注受访者行为。在面谈过程中，有部分特定行为可能成为舞弊的信号，表明受访者撒谎或隐瞒信息的迹象。主要包括：

- 频繁换位、站立、走动等不安动作；
- 使身体远离采访者；
- 避免目光接触（也可能仅仅是礼貌而非隐瞒）；
- 不恰当的态度，如从一种不寻常的坦率和友善，到毫无根据的敌意或讽刺；
- 叹气、出汗、口干、摩擦手或脸、说话快速高亢等焦虑迹象；
- 回答问题的态度突然转变；
- 面谈期间前后问题答案有变化。

需要注意的是，这些例子只是潜在问题的信号，而不是舞弊行为的证据，但它们可能影响内部审计师后续开展舞弊审计的建议。

③面谈流程。内部审计师进行面谈时的步骤分为以下四个阶段。

第一，面谈准备。可能涉及确定面谈目标，收集有关主题的背景信息，这有助于建立关系和形成问题，准备具体问题和策略，以及确保面试的可接受时间和地点。

第二，进行面谈。应保证能将受访者的陈述清晰地理解成事实或传闻（基于他人经验或谣言）。面谈期间有适当的注意事项提醒。

第三，就面谈主题达成一致。在结束面谈时，审核人员应总结关键点，获得受访者确认或纠正误解。

第四，记录面谈。对提出的问题，获取的关键信息以及信息不足领域的摘要，描述受访者的态度等。

（3）分析性程序

分析性程序要求内部审计师充分了解被审计业务，包括业务活动水平和不同业务活动之间的关系。通过数据分析结果可以帮助内部审计师关注潜在的重点领域。分析性程序通常用来发现舞弊疑点和迹象，缩小审查的范围，但不能定位具体的舞弊，要定位具体的舞弊行为需要进行详细测试。

①趋势分析。如果不存在个别因素影响业务活动关系，业务数据将显示出一定的趋势。审计人员可以分析趋势数据以查看是否发生了任何影响业务活动的因素，并进一步研究以确定原因。趋势分析中出现意外异常的原因可能是舞弊。例如，审计人员对销售和运费趋势进行研究，发现运输成本的增长速度比销售增长快得多。由于运输材料和销货成本应该与生产销售的货物数量直接相关，这种增长属于异常。审计人员进一步调查，发现记录了虚假的货物运输，以及应付账款主管与组织经常合作的运输公司经理存在密切的个人关系。最终确定为应付账款主管和运输公司经理勾结，从未实际发生的货物运输记录中获取付款收益。

②比例分析。审计人员用来确定一个数值与另一个数值的比率，以查看两者关系是否合理，与预期是否相符。例如，审计人员根据运费数据，确定销售数量和实际发货数量的比率。如果组织支付的货物运输数量超过了销售货物数量，那么该比率是不合理的。

（4）计算机数据分析

使用计算机开展审计工作，为内部审计人员验证大量的交易提供了便利。通过计算机可以实现将交易与相关事件进行比较，突出显示异常，并开展进一步研究和寻求解释（其中一种解释可能是舞弊）。在检测舞弊时，审计人员应考虑以下各种技术：

①计算机辅助审计技术（CATTs）。

测试数据：审计人员设计测试数据，然后将测试数据在计算机系统内从头到尾运行一次，来检查审计业务客户计算机信息系统是否按预期要求运行。

平行模拟：审计人员设计一种与审计业务客户计算机信息系统功能相同的模拟系统，将数据在审计业务客户的信息系统和模拟系统上平行运行，比较二者运行的结果是否一致。

整体测试（ITF）：又称集成测试或综合测试，指审计人员虚构一些公司的数据并与审计业务客户的真实数据一起处理，分析处理结果。这种方法可以对审计业务客户的信息系统进行持续测试，但其缺点是测试数据可能进入审计业务客户的真实数据环境。

标记和跟踪：标记某些数据或业务类型，并用这些标记的数据建立一个审计数据文件。由系统跟踪数据的处理情况。

受控处理或再处理：在审计人员的控制下，处理一批数据或将一批处理过的业务进行再处理。

专家系统：自动应用特殊领域专家的经验和知识并且使审计师容易接触到这类信息的系统。

此外，通用审计软件也被经常运用在数据分析中，帮助确认疑点。还可以通过开发嵌入式审计模块，确保把异常情况的记录提供给调查人员，有效检查出舞弊情形。

②持续在线审计。持续在线审计程序是指在交易发生时或者交易发生后不久开始编辑交易数据，寻找不符合事前建立参数标准的交易细节数据，并且在要求的一段时间内就可以生成审计报告。在线审计系统的例子是监督数据中心收到报酬的程序，其中在线审计程序要检查、了解接收报酬程序所要求的每个步骤是否都得到遵守。

持续审计最大限度地增加审计范围，使内部审计能够关注例外情况，覆盖更多高风险领域，也可以更及时地检测到舞弊现象。其中一个例子是用于将每个付款邮寄地址与雇员地址数据进行比较，以发现向伪造单位支付款项或重复支付款项的情况。

持续在线审计程序在交易量大的行业中的应用最为成功，如金融服务业、零售业。对整个数据库实施持续审计有利于提供全面保证，捕获到甚至很小的错误或违规问题，它还提供了其他两个好处：一是对数据库进行全面分析为抽样技术是否无偏见、样本是否具有代表性提供了合理保证；二是改善了工作场所的道德环境。如果雇员认为他们被抓住的机会很大，那么几乎没有人试图实施舞弊，这样就会形成一个积极、健康的工作氛围。

③企业审计。企业审计（Enterprise Auditing）指开发一些软件工具来构建数据分析模型，然后将它们应用于集成的企业管理系统。企业管理系统有助于协调可能分散的大型组织中的各种控制、分析和信息存储领域，如跨国公司或不同业务部门的集团。数据挖掘是指筛选和分析大量数据以查找某些模式或关联的能力。企业数据挖掘可以帮助定义什么构成可疑模式，然后检测可疑交易，如舞弊性电汇。

④计算机的分析程序。利用应用软件，已经开发出很多计算机程序，用于分析数据，确认无数交易总账和明细分录中存在的违规问题。这些程序既可以独立工作，也可以作为系统自身的一部分在整个信息系统中工作。分析数据重要的是建立用于比较的常规数值。因此，发现舞弊问题的第一个步骤是定义最基本数值。例如，拥有连续五年的存货历史记录有助于内部审计师确认存货的异常增长，这些增长可能表明公司财产遭到盗窃。基准点可能产生于内部数据，也可能外购于行业调查组织。

a. 数字分析。很多应用数字分析的审计程序都基于本福德（Benford）定律，它是一种观察一系列数字中重要关键数字出现频率的概率理论。在20世纪20年代，物理学家富兰克·本福德注意到他的对数表书中的前几页因为使用频繁，损坏程度比后几页大。他继续观察地理学、科学、人口统计学数据，推断出：在一系列号码中，号码1作为关键数字出现的次数为60%。这些号码的特征是：这些号码描述的必须是相似事物的号码（例如，交易号码或者付款号码）；不能按照一些规则排列（像邮政编码或者支付代码）；不能有固有的最大或最小值（例如法律要求的特定数额，像最低工资）。较大号码在关键数字位置出现的次数与它们的大小不成比例，号码9在关键数字位置出现的次数只有5%。因为许多人相信号码是随机出现的，所以，通过向伪造供货商签发付款支票实施舞弊的雇员，就有可能选择规避本福德定律的支票数额来实现舞弊，从而降低被发现的可能性。

对本福德定律的应用已经扩展到描述第二个数额发生概率方面，也被用于其他数字分析形式，以确认违规行为，例如：

- 相对大小因素，用于确定一组中的最大号码何时超出项目中的其余号码；
- 相同、相同、不同测试，用于发现三个变量中的两个变量之间存在的不太可能有的相似之处；
- 相同、相同、相同测试，用于发现完全相同的分录。

b. 回归分析。回归分析是用于发现独立变量（例如，未经批准的付款）与一个或多个非独立变量（例如，签发的支票数额，接受货款的供货商，接受货款的、与雇员具有同一地址的供应商，低于某一额度的报酬）之间关系的计算机统计分析程序。有些计算机程序可以将发生的费用和与出差有关的活动或者日程表联系在一起，以便发现非正常的频繁出差或者与规定目的无关的出差活动。

c. 其他。

计算统计参数（如平均值、标准差、最大值和最小值）：识别可能表明舞弊的交易事项。

分类：查找数据元素组之间的模式和关联。

数值分层：识别异常数值。

数字分析：在随机发生的数据集中识别出不太可能出现的特定数字。

加入不同数据源：识别不匹配的值，例如不同系统中的名称、地址和账号。

重复测试：识别业务交易的简单和/或复杂重复，例如付款、工资单、索赔或费用报表订单项。

差距测试：识别顺序数据中缺少的数字。

数值求和：检查可能已被伪造的控制总数。

验证数据输入日期：识别不恰当或可疑的数据录入、过账时间。

(5) 计算机取证

组织的计算机或信息系统可以提供许多有价值的数据，可能包括纸质收据、日志、发票或工作单、面谈信息、其他收集的信息。

审计人员必须留意计算机或信息系统中一些不太明显的信息来源，例如：

- 经过文字处理的文件：可以证实已核销但未收回的债务、丢失货物等行为信息。
- 客户名单：有助于识别虚构或非活动账户。
- 电子邮件日志：可能显示组织员工与客户之间超出工作情况的频繁沟通。
- 财务记录：产生可以进一步分析不合理的数据。
- 调度系统或日志：识别不正常的联系人或业务活动，证明对费用报销的虚假声明等。
- 操作日志：如将预期的废弃物消耗水平与实际数据进行比较，确定是否存在偷窃废弃物或转移公司财产的情况。
- 人事记录：可以指向各种危险信号，如聘用的员工未经筛选，工作记录可能显示员工在存在舞弊机会的工作中有过短暂任期。
- 计算机存储的语音邮件：可能表明知识产权被盗取的情况。
- Internet 历史报告：可能提供与犯罪活动有关的证据。

计算机取证包括计算机硬件和数据的存储、识别、提取和记录，可用于协助调查舞弊，识别潜在舞弊的危险信号。计算机取证的例子包括：

- 恢复已删除的电子邮件；
- 监测邮件中的潜在舞弊指标；
- 在终止雇用后对员工进行调查；
- 格式化硬盘后恢复证据。

计算机取证的挑战是保持证据的完整性，比如访问计算机文件可能会无意更改文件中的重要访问日期，因此调查人员通常先将正在调查的计算机进行隔离，并制作数据副本另外存储，对副本开展调查和分析。原件存放在安全的位置，以保持证据的原始状态。

6.5.4 司法鉴定审计

司法鉴定审计是介于一般会计和审计之间、涉及司法领域的特殊工作，通过对特定经济案件的舞弊审计和会计司法鉴定，为司法机关对经济案件的裁决提供“诉讼支持”，为司法诉讼、审判认定被告的犯罪事实，以及定罪和量刑提供证据，为司法机关正确处理经济纠纷提供依据。司法鉴定审计鉴定结论是一种独立的诉讼证据。例如，在一些犯罪中，如贪污罪，虚报注册资本罪，走私罪，欺诈发行股票、债券罪，虚假出资、抽逃出资罪，提供虚假财会报告罪，非法经营同类商业罪，失职、滥用职权造成破产、严惩损失罪，操纵证券、期货交易价格罪，偷税罪，骗取出口退税罪等，需要对涉案的会计事项进行调查分析，做出科学鉴定结论。

司法鉴定审计是在诉讼活动中进行的，是一项涉及诉讼的活动。司法鉴定审计主体是司法审计人员，他们不属于司法工作人员，他们接受司法机关委托进行司法鉴定审计，是一种特殊的证人。司法鉴定审计的目的是为了解决诉讼涉及的专门性问题。司法鉴定审计方法是运用行业执业规范等专门知识进行鉴别和判断。司法鉴定审计人员应当提供鉴定意见或审计报告。

由于司法鉴定审计不同于一般的审计，时常会遇到一些情况，影响司法鉴定审计的顺利进行，进而影响审判的效率。比如鉴定的范围不够明确，提供鉴定的举证资料不完整，现场覆盖或破坏无法查勘，造成鉴定困难以致发生反复鉴定和修改鉴定意见的情况。因此，在司法鉴定审计中，内部审计师不得不面对许多具体的问题。

实施司法鉴定审计要求考虑以下因素：

- 获得相关审计的适当授权；
- 充分记录和保护相关证据；
- 建立收集证据使用方面的法律规定；
- 以符合法律要求的方式报告发现的问题；
- 适当的时候，可以征求一些法律建议；
- 评估和评价收集的证据以保证调查的事情能够继续下去；
- 注意保密工作。

司法鉴定审计不仅要求了解会计核算准则和实务，还要熟悉接受审计的商务活动过程和政策，掌握调查技术和法律诉讼制度及规定。司法鉴定审计师必须既能够收集证据，又能够在法庭上以令人信服的方式表述证据。他们出示的证据必须遵守审判案子的法庭所建立的证据制度，他们必须保证证据的安全，妥善安置证据，避免犯罪者偷窃或破坏证据，直到法庭不需要这些证据或这些证据失效为止。

6.6 典型模拟试题

1. 关于舞弊，以下哪项不是对内部审计师的要求？

A. 审计师必须具备充足的知识，以评估舞弊风险。

B. 审计师必须评估发生舞弊的可能性。

C. 审计师必须具备检查和调查舞弊所需的专门知识。

D. 审计师必须向高级管理层报告已识别的舞弊风险。

2. 管理人员舞弊的最常见动机是：

A. 有赌博等恶习。

B. 对工作不满意。

C. 机构面临财务压力。

D. 对实施完美罪行的挑战。

3. 以下关于防止舞弊的陈述正确的是：

Ⅰ. 防止舞弊最基本的方法是由最高管理阶层建立有效的控制制度。

Ⅱ. 内部审计师有责任通过审查和评价控制制度的健全性来协助防止舞弊的发生。

Ⅲ. 内部审计师应当确认沟通渠道是否能为管理当局提供控制制度有效性和异常业务发生的充分可靠的信息。

A. 只有Ⅰ。

B. Ⅰ和Ⅱ。

C. 只有Ⅱ。

D. Ⅰ、Ⅱ和Ⅲ都对。

4. 以下各项中不能说明存在较大舞弊可能性的是：

A. 管理当局将在一定金额范围内的采购授权给下属。

B. 某职员长期负责现金管理工作而没有实施岗位轮换。

C. 处理可变现有价证券的职员负责采购、记录采购并向高级管理人员报告差异和收益/损失。

D. 应收账款部门的职责分工和受托责任并不明确。

5. 首席审计官（CAE）怀疑几个雇员利用台式电脑获取个人利益。在进行调查中，首席审计官选择司法鉴定审计师而不是利用信息系统审计师，主要原因是司法鉴定审计师拥有：

A. 能用于更全面地评估计算机使用及滥用的计算机系统知识。

B. 在法庭上能够构成可接受证据的知识。

C. 有利于证明计算机滥用的高级分析性技术。

D. 有利于向高级管理层和董事会陈述审计发现的高水平的记录和组织技能。

1. 参考答案：C

解题思路：

A. 不正确，参照题解 C。

B. 不正确，参照题解 C。

C. 正确，内部审计师必须充分了解有关评估舞弊风险以及所在组织管理舞弊风险的知识，但不期望内部审计师掌握以发现和调查舞弊为首要职责的人员所具备的专门技能。

D. 不正确，参照题解 C。

2. 参考答案：C

解题思路：

A. 不正确，这是个人舞弊常见的动机。

B. 不正确，这是个人舞弊常见的动机。

C. 正确，对于管理层舞弊的最常见动机是机构面临财务压力。

D. 不正确，这个答案是干扰项，没有任何意义。

3. 参考答案：D

解题思路：

Ⅰ. 正确，遏制舞弊包括采取行动防止舞弊的发生，并在舞弊确实发生时限制其涉及范围的措施。遏制舞弊的首要机制是控制。管理人员负有建立并维护控制的首要责任。

Ⅱ. 正确，内部审计师负责根据组织所开展的经营活动各方面的潜在风险水平，通过检查和评估内部控制系统的适当性和有效性来协助遏制舞弊。

Ⅲ. 正确，应判断沟通渠道能否为管理人员提供充分可靠的信息，以协助防止舞弊。

4. 参考答案：A

解题思路：

A. 正确，授权是一个正常的、可接受的管理手段，可以提高效率，并不能说明存在圈套舞弊发生的可能性。

B. 不正确，现金管理是一个敏感的工作岗位，如果长期不轮岗，则可能发生侵吞、挪用现金等舞弊行为。

C. 不正确，负责采购工作和记录采购应当是需要进行职责分离的两项工作，由处理可变现有价证券的职员同时负责这两项工作是不合适的，可能会发生侵吞资产、高价或过时购入货物等舞弊行为。

D. 不正确，应收账款部门与资金紧密相关，是一个比较敏感的部门，其职责分工和责任不明确可能会存在圈套舞弊的可能性。

5. 参考答案：B

解题思路：

A. 不正确，信息系统审计师更多地了解组织的计算机系统知识。

B. 正确，司法鉴定审计师收集的证据是可以作为法庭证据的，司法鉴定审计师显著的特征是拥有在法庭上作为专家证人所必要的知识。

C. 不正确，不要求司法鉴定审计师一定具有高于组织内部其他审计师的分析或组织技能。

D. 不正确，信息系统审计师和司法鉴定审计师都应该具备向高级管理层和董事会陈述审计发现的高水平的记录和组织能力。

读书笔记

附录1

考 试 大 纲

附录1 考 试 大 纲

Part 1 – Essentials of Internal Auditing 内部审计要素

125 questions | 2.5 Hours (150 minutes)

题量：125 个问题，答题时间：2.5 小时（150 分钟）

I. Foundations of Internal Auditing (15%) **内部审计基础（15%）**		
A	Interpret The IIA's Mission of Internal Audit, Definition of Internal Auditing, and Core Principles for the Professional Practice of Internal Auditing, and the purpose, authority, and responsibility of the internal audit activity 阐述 IIA 提出的内部审计的使命、内部审计定义、内部审计实务的核心原则以及内部审计的宗旨、权力和职责	**Proficient** 精通
B	Explain the requirements of an internal audit charter (required components, board approval, communication of the charter, etc.) 了解内部审计章程的相关要求（包括章程的必备要素、经董事会通过、就章程进行必要的沟通等）	**Basic** 基础
C	Interpret the difference between assurance and consulting services provided by the internal audit activity 理解内部审计活动中确认服务和咨询服务的区别	**Proficient** 精通
D	Demonstrate conformance with the IIA Code of Ethics 遵守 IIA《职业道德规范》	**Proficient** 精通
II. Independence and Objectivity (15%) **独立性和客观性（15%）**		
A	Interpret organizational independence of the internal audit activity (importance of independence, functional reporting, etc.) 理解内部审计活动的组织独立性（独立性的重要性、职能报告等）	**Basic** 基础
B	Identify whether the internal audit activity has anyimpairments to its independence 确定是否存在有损内部审计活动独立性的因素	**Basic** 基础

续表

II. Independence and Objectivity (15%) **独立性和客观性（15%）**		
C	Assess and maintain an individual internal auditor's objectivity, including determining whether an individual internal auditor has any impairments to his/her objectivity 评估并保持内部审计人员的客观性，包括确定是否存在有损内部审计人员自身客观性的因素	**Proficient** **精通**
D	Analyze policies that promote objectivity 对促进客观性的政策进行分析	**Proficient** **精通**
III. Proficiency and Due Professional Care (18%) **专业能力与应有的职业审慎（18%）**		
A	Recognize the knowledge, skills, and competencies required (whether developed or procured) to fulfill the responsibilities of the internal audit activity 了解履行内部审计活动职责所需的知识、技能和能力（可通过培养、聘请等方式获取）	**Basic** **基础**
B	Demonstrate the knowledge and competencies that an internal auditor needs to possess to perform his/her individual responsibilities, including technical skills and soft skills (communication skills, critical thinking, persuasion/negotiation and collaboration skills, etc.) 展示内部审计人员为履行个人职责必须具备的知识和能力，包括技术能力和软技能（沟通技巧、思辨能力、说服/协商能力以及协作技巧等）	**Proficient** **精通**
C	Demonstrate due professional care 具备应有的职业审慎	**Proficient** **精通**
D	Demonstrate an individual internal auditor's competency through continuing professional development 通过持续的专业发展展示内部审计人员的个人能力	**Proficient** **精通**
IV. Quality Assurance and Improvement Program (7%) **质量保证与改进程序（7%）**		
A	Describe the required elements of the quality assurance and improvement program (internal assessments, external assessments, etc.) 描述质量保证和改进程序所需的要素（内部评估和外部评估等）	**Basic** **基础**
B	Describe the requirement of reporting the results of the quality assurance and improvement program to the board or other governing body 描述将质量保证与改进程序的结果上报董事会或其他治理机构的相关要求	**Basic** **基础**
C	Identify appropriate disclosure of conformance vs. nonconformance with The IIA' s International Standards for the Professional Practice of Internal Auditing 了解如何对遵循和未遵循《标准》的情况进行适当披露	**Basic** **基础**

续表

V. Governance, Risk Management, and Control (35%) 治理、风险管理和控制（35%）		
A	Describe the concept of organizational governance 描述与组织治理相关的概念	**Basic** **基础**
B	Recognize the impact of organizational culture on the overall control environment and individual engagement risks and controls 明确组织文化对整体控制环境以及单项业务风险和控制的影响	**Basic** **基础**
C	Recognize and interpret the organization's ethics and compliance – related issues, alleged violations, and dispositions 认识并理解与组织职业道德和合规相关的问题、违规情况以及处置措施	**Basic** **基础**
D	Describe corporate social responsibility 描述组织的社会责任	**Basic** **基础**
E	Interpret fundamental concepts of risk and the risk management process 理解有关风险和风险管理程序的基本概念	**Proficient** **精通**
F	Describe globally accepted risk management frameworks appropriate to the organization (COSO – ERM, ISO 31000, etc.) 描述适用于组织，且在全球范围内得到认可的风险管理框架〔如虚假财务报告委员会下属的发起人委员会（COSO）的全面风险管理框架和ISO31000 等〕	Basic **基础**
G	Examine the effectiveness of risk management within processes and functions 检验工作流程和职能中风险管理的有效性	**Proficient** **精通**
H	Recognize the appropriateness of the internal audit activity ' s role in the organization's risk management process 了解内部审计活动在组织风险管理程序中发挥作用的适当性	**Basic** **基础**
I	Interpret internal control concepts and types of controls 了解内部控制的概念以及控制的种类	**Proficient** **精通**
J	Apply globally accepted internal control frameworks appropriate to the organization (COSO, etc.) 运用适用于组织，且在全球范围内得到认可的内部控制框架（如 COSO 框架等）	**Proficient** **精通**
K	Examine the effectiveness and efficiency of internal controls 检查内部控制的效果和效率	**Proficient** **精通**

续表

VI. Fraud Risks（10%） 舞弊风险（10%）		
A	Interpret fraud risks and types of frauds and determine whether fraud risks require special consideration when conducting an engagement 理解舞弊风险和舞弊的种类，并确定在开展审计业务时确定是否需要对舞弊风险进行特殊考虑	**Proficient** 精通
B	Evaluate the potential for occurrence of fraud（red flags, etc.）and how the organization detects and manages fraud risks 评估出现舞弊的可能性（如危险信号等）以及组织为发现和管理舞弊风险采取的措施	**Proficient** 精通
C	Recommend controls to prevent and detect fraud and education to improve the organization's fraud awareness 为组织预防和发现舞弊提供建议，帮助组织提升对舞弊的认识	**Proficient** 精通
D	Recognize techniques and internal audit roles related to forensic auditing（interview, investigation, testing, etc.） 了解有关法务审计的相关技能，以及内部审计在其中扮演的角色（如访谈、调查、测试等）	**Basic** 基础

>>附录2

CIA考试全球最高分学生奖获得者

——中审网校学员汪洋谈备考心得

附录2 CIA考试全球最高分学生奖获得者

——中审网校学员汪洋谈备考心得

我是来自四川的一名普通学生，报考了国际注册内部审计师（CIA）考试，欣喜地实现了一次全通过。与此同时，还获得了一份意料之外的惊喜，那就是我获得了Glenn Sumners全球最高分学生奖（Dr. Glenn Sumners Student Award Winner），并受邀到美国佛罗里达州奥兰多参加全球国际内部审计会议。会议上，国际注册内部审计协会（IIA）在现场为我颁发格伦·萨纳姆博士学生奖奖章（The Dr. Glenn Sumners Student Award Medal）。

回忆当初，接到中国内部审计协会的电话通知时，我激动万分，最先想到的是我的导师——邱老师，也就是中审网校的“审审老师”，并将这个好消息与他分享。审审老师说：“这是你自身努力的结果”。但是，我心里非常清楚，如果没有中审网校，我不可能取得这么好的成绩。下面就这次考试简单谈一下我的心得体会。

CIA是国际内部审计领域专家的标志，也是国际审计界唯一公认的职业资格，自1974年在美国第一次开考以来已经有40年的历史，突显其生命力和权威性，对于从事或准备从事内部审计及相关行业的朋友来说，这个证书的重要性不言而喻。对我这类毕业生来说，更是切身体会到通过了CIA考试后对我应聘工作的帮助。

考试通过有偶然性和必然性。偶然性简单来说就是运气，但没人会把通过希望押在运气上，所以必然性才是起决定作用的，我们必须具备能力，找对方法，认真准备。我在复习开始的时候并没有报读任何辅导机构，想着自己随便在网上找一些资料看看，一些题目做做就可以了，但是当我看到CIA的一些题目后，我感到非常茫然，因为CIA的题目非常灵活并具有实务性，而且涉及的知识点也很多，选项模棱两可，和国内考试差别真的很大，虽说读了几年的财务管理专业，但发现自己应对CIA考试时仍然束手无策。后来在一位通过考试的师兄的推荐下，报了中审网校的CIA高级班，并在老师的建议之下一次全部报考，从以全球最高分的成绩一次通过考试的成果来看，我深深地感受到作为一名普通考生，正确选择培训机构和学习方法是为自己找到通关捷径的关键。

(1) 选择有效的学习途径

虽然 CIA 考试难度不大，但是知识面非常广，涵盖多个学科。对于很多人来说都没有足够的时间和精力来研读众多书籍，也没有传统国内考试所谓的教材，报了课程后，我先是把总串讲讲座听了几次，加深对 CIA 考试体系和学习方法的掌握，在整个学习过程中我几乎全部遵照审审老师在 CIA 总串讲中建议的方法来完成学习，通过讲座认识到 CIA 所强调的价值观和思维方式跟国内当前实务存在偏差，正如审审老师总结的“美国人的价值观：正直、诚实、重视信用；重视法律的力量、关注社会公共利益、环境意识强烈；利益冲突时先后顺序为：国家、社会公众（法律）、职业团体（职业准则）、企业（企业内部规章）、个人（公德意识）；崇尚民主、平等；重视团队合作等”，在解题时很有价值。IIA 倡导内部审计活动作为治理和控制活动的一部分应为实现组织目标服务，为组织增加价值并提高组织的运作效率、减少运作成本。内部审计师要学会从总体上、全局上考虑问题，要充分了解组织的财务、会计、管理、技术、商业、安全等活动，要充分考虑组织面临的风险，要学会考虑组织的内部控制制度是否建立、是否适当、是否有效执行，要学会找到内部控制的关键控制点，然后寻找控制的薄弱环节。这需要内部审计人员具备敏锐的洞察力、宽阔的视野、丰富的知识和经验积累以及非常强的人际交往能力和协调沟通能力，这也是 CIA 考试对考生的要求。

根据 CIA 考试的特点，在考试用书方面我仅仅使用了中审网校赠送的配套辅导书——《红皮书精要解读》和《CIA 考试应试指南》，辅导书主要对我起到了建立和熟悉整个 CIA 考试知识体系的作用。CIA 考试是采取题库抽题的方式命题，通过试题库可以保障复习面，中审网校以此为核心开展培训活动是非常有效的。可以跟大家分享的是，一开始做题是比较慢的，很难适应，但是网校一直鼓励我们说，只要跟着他们的学习方法来复习，慢慢就会顺畅。果然，随着做题数量的增加，题感越来越好，做题的速度也越来越快，我内心知道跟着网校走是没有错的，最后的结果也印证了这一点。

(2) 复习进度安排

因为我报名比较早，所以前几个月几乎都只是看书，理论知识比较扎实。到了 7 月份后我开始做题，按照网校的试题更新的进度认真学习，凡是做错的题都收纳在“试题收藏夹”中。这个模块非常好用，因为有大量的题需要做，不可能会记住每一道，所以把错题单独收录，最后冲刺的时候可以系统复习。有了试题的实务经验，很多第一回不清楚的内容都明晰了，最后阶段依旧是疯狂练习试题，我前后系统地做了 4 遍，收藏的试题和最后的模拟考场更是做了无数遍。网校的试题很有针对性，对于想尽快通过考试的考生来说是一条捷径。越临近考试做题越有效，当我们做题有困难时，通过 QQ 群等方式，将授课老师、辅导员和学员联系在一起，可以即时讨论很多问题。值得一提的是，在学员 QQ 群里面，有学员、有老师，你抢我答，很有激情，能让自己主动地、快乐地参与学习。能理解的题目我建议努力去理解，不能理解的也可以取巧靠记忆吧。

最后一个月，我白天除了睡觉、吃饭，几乎所有时间都在做题。

(3) 坚持做正确的事

为什么说坚持做正确的事呢？中审网校一句名言说得非常好："方法不对，努力白费"。是的，坚持错误的方法只会让自己更失望。在找到正确道路之后一定要坚持下去。CIA 考试也是一样，我选择了中审网校并一直坚持下去，我承认最后阶段很疲惫，但是全科通过后觉得一切努力都是值得的，而且取得了这么优秀的成绩。俗话说：师傅领进门，修行在个人。网校给学员提供了丰富的学习资源，如果学员能好好利用，去努力学习，去坚持做题，那么我相信广大考生一定会取得自己满意的成绩。

考前一个月，老师们的辅导可以说是我们考生在冲刺阶段的一个很好的强化剂。奋战的几个月，与网校的老师以及群里的学友们一起学习，一起成长，虽然艰辛，但总能感觉到集体的力量在身边，自己在 CIA 领域的知识面也得到了极大的拓展。我觉得网校的捷径式学习这种方式看似像应试，但是对于我们考生来说，参加考试的首要目的不就是为了先通过吗？先通过才是硬道理！

我记得考前一晚参加审审老师的点题，点题的速度非常快，可能是考验大家对题目的熟悉程度吧。很庆幸，通过这几个月的努力，对老师出的题我都能很快做出来，于是心里就又多了一点把握。我又过了一遍冲刺题、模拟题和自己收藏夹的题目，但心里还是很紧张！

"梅花香自苦寒来"。当我看到试卷的那一刻，满眼都是熟悉的题目，紧张的心情顿时放松了，那一刻内心真的是无比踏实。第一科考试我只用了 40 多分钟。虽然我信心十足可以通过考试，但却没想到自己会获得全球最高分学生奖！

上面是我自己的一些心得体会，总得来说，我准备的时间比较充分，又选对了培训机构和老师。当然，每个人的学习特点、工作经历和体验都有所不同，适合自己的才是最好的，在此，与大家分享我的经验，希望对各位考生有所借鉴。上述这些也仅仅是我通过考试的方法，要成为合格的内部审计师并有所作为，我还要不断地在实践中磨练自己，积累实战经验。

衷心感谢中审网校对我的培养，感谢所有老师。希望我的这些琐语能为广大考生备考带来帮助，也祝愿所有参加 CIA 考试的朋友能顺利通过考试。

汪　洋

主要参考文献

［1］IIA 协会．http：// www. theiia. org. 美国．

［2］中国内部审计协会．http：// www. ciia. com. cn.

［3］中审网校．http：//www. auditcn. com.

［4］中国内部审计协会译．国际内部审计专业实务框架．北京：中国财政经济出版社．2017.

［5］邱银河、陈哲编著．《国际内部审计专业实务框架》精要解读——国际注册内部审计师 CIA 考试红皮书．北京：中国财政经济出版社．2019.

［6］（美）劳伦斯·B. 索耶编著，杨峻、沈征译．索耶内部审计师指南．北京：中国财政经济出版社．2014.

［7］北京兆泰投资顾问有限公司编著．CIA 考试指定辅导用书．北京：西苑出版社．2014.

［8］石贵泉、王凡林编著．现代内部审计理论与实务．山东：山东人民出版社．2005.

［9］邱银河、木南编著．计算机审计实务操作．北京：人民邮电出版社．2006.

［10］中国会计学会编著．会计基础．北京：经济科学出版社．2009.

［11］杨为编著．管理会计学．上海：立信会计出版社．2008.

［12］（美）S. 拉奥·瓦莱布哈内尼编著，张庆龙译．CIA 考试指南/ Wiley CIA 考试用书系列．北京：电子工业出版社．2016.

［13］（美）小威廉·F. 梅西尔编著，刘明辉译．审计与保证服务：一种系统的方法．北京：经济科学出版社．2008.

［14］姚瑞马编著．审计学．江苏：江苏大学出版社．2008.

主要参考文献

[1] [illegible]
[2] [illegible]
[3] [illegible]
[4] [illegible]
[5] [illegible]
[6] [illegible]
[7] [illegible]
[8] [illegible]
[9] [illegible]
[10] [illegible]
[11] [illegible]
[12] [illegible]
[13] [illegible]
[14] [illegible]